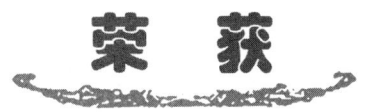

荣 获

新闻出版总署优秀畅销书奖
全国优秀古籍图书普及读物奖
第十七届山西省优秀图书一等奖
第二届山西出版政府奖
山西出版集团2008年度十种好书

全套藏书累计销售500万册

诸子百家卷

《诗经》《尚书》《礼记》《楚辞》《论语·大学·中庸》《孟子》
《老子》《庄子》《荀子》《韩非子》《孙子兵法·尉缭子·鬼谷子》
《墨子》《周易》《山海经》《吕氏春秋》《三十六计》

名家选集卷

《三曹诗集》 《陶渊明集》 《王勃集》 《王维集》 《孟浩然集》
《高适集》 《岑参集》 《李白集》 《杜甫集》 《白居易集》
《刘禹锡集》 《元稹集》 《李商隐集》 《李贺集》 《杜牧集》
《韩愈集》 《柳宗元集》 《李煜集》 《欧阳修集》 《王安石集》
《苏轼集》 《黄庭坚集》 《柳永集》 《秦观集》 《周邦彦集》
《李清照集》 《辛弃疾集》 《陆游集》 《范成大集》 《杨万里集》
《姜夔集》 《文天祥集》 《元好问集》 《唐寅集》 《张岱集》
《三袁集》 《李贽集》 《傅山集》 《纳兰性德集》 《袁枚集》
《郑板桥集》 《龚自珍集》

史著选集卷

《左传》《国语》《战国策》《史记》《汉书》《后汉书》《三国志》
《资治通鉴》

综合选集卷

《唐诗三百首》《宋词三百首》《元曲三百首》《千家诗》《古文观止》
《汉魏六朝小赋骈文选》《唐宋八大家文选》《明清小品文选》

笔记杂著卷

《蒙学六种——三字经·百家姓·千字文·增广贤文·幼学琼林·格言联璧》
《颜氏家训·朱子家训》 《世说新语》 《金刚经·坛经·心经·地藏经》
《曾国藩家书》《菜根谭·小窗幽记·幽梦影》《浮生六记》《闲情偶寄》
《近思录》《徐霞客游记》《古代书信精选》

戏曲小说卷

《元杂剧精选》《西厢记》《牡丹亭》《长生殿》《桃花扇》《今古奇观》
《三国演义》《水浒传》《西游记》《红楼梦》《聊斋志异》《儒林外史》
《封神演义》《话本小说选》《文言小说选》

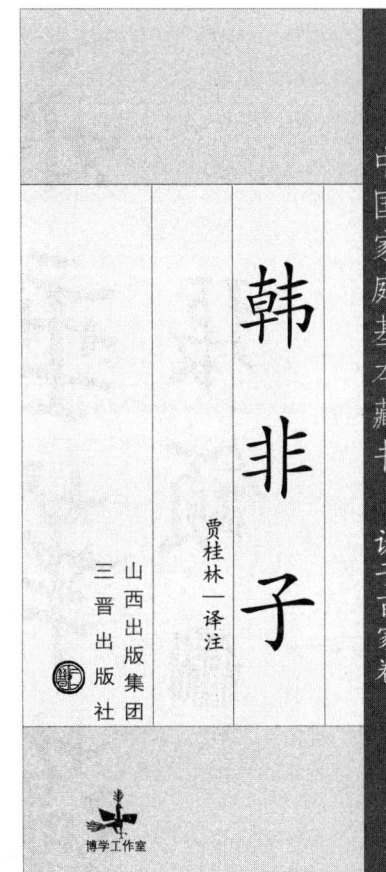

高文典籍
傳家瑰寶
藏用同功
永垂華藻

張頜

·著名考古学家、古文字学家张领先生为《中国家庭基本藏书》题词

前言

本书为《中国家庭基本藏书·诸子百家卷》之一，旨在为普通读者提供一个通俗易懂的读本。

全书以清代王先慎的《韩非子集解》为底本，个别地方参校其他版本。"集解"中的研究成果酌情采用，未作特别说明。

《韩非子》全书二十卷五十五篇，因篇幅所限，本书择其精华加以注译。在取舍上，侧重于故事性强、可读性强的《说林》《内储说》《外储说》等，并依据原文设立小标题，以便于读者理解。

本书注释力求简洁，译文力求准确、通俗易懂，以直译为主，适当辅以意译。

《韩非子》享有先秦散文"四大台柱"（《孟子》《庄子》《荀子》《韩非子》）之誉，气势磅礴，激情澎湃，尤其是其中的许多寓言故事，至今仍然流传。为此，书末特附"《韩非子》名言警句"，并在正文中相应的句下用着重号标出，便于读者检索和查阅。

  《韩非子》自诞生以来,研究它的著作汗牛充栋。为方便读者进一步了解,书末附有"《韩非子》主要版本"及"《韩非子》重要研究著述"。

  由于时间仓促,书中多有不完善之处,恳请读者不吝赐教。

译注者

2008年4月

韩非其人其书（代序）

姚奠中

韩非(?—前233)，出身韩国贵族，曾和李斯同学于荀况，李斯自以为不及非。当时韩国国力衰弱，韩非多次上书韩王，提出富国强兵、修明法制的主张，不被采纳，退而著书，成十馀万言，即《韩非子》。他的著作传到秦国，秦王嬴政读后十分钦佩，于是发兵攻韩，索要韩非。韩王派遣韩非入秦，秦王却又不加信用，后又听了李斯、姚贾诬陷，将他拘囚下狱，最后李斯送毒药逼他自杀于狱中。

《韩非子》为法家重要著作。据《汉书·艺文志》所载，共55篇。今传本正合其数。不过今本除《史记》中所举《孤愤》、《说难》等10篇外，多有窜入文字。

韩非是先秦法家学说的集大成者。他从主张变革、反对复古的历史观出发，宣扬君主集权，任法术而尚功利。与此相适应，他主张行文写作必须以"功用"为目的。他的说理散文在先秦诸子中具有独特的风格,思想犀利,文字峭刻,逻辑严密,具有很强的说服力。

在阐述一个重要论点时,韩非经常使用类似归纳的方法,即先举论据,再作论证,最后得出合乎逻辑的结论。例如《五蠹》,先提出上古、中古和近古历史发展的事实,说明"今有构木钻燧于夏后氏之世者,必为鲧、禹笑矣;有决渎于殷、周之世者,必为汤、武笑矣",继而转入本题:"今有美尧、舜、汤、武、禹之道于当今之世者,必为新圣笑矣。"在作了这些充分的论证之后,即顺理成章得出结论:"圣人不期修古,不法常可,论世之事,因为之备。"后文的"世异则事异"、"事异则备变"、"赏莫如厚而信"、"罚莫如重而必"等著名论点,也都是使用同样的论证方法得出的。

韩非的辩难之作也很有特色。他并不像荀子那样用"是不然"的断然口气,动辄否定论战的对方,而是从容、冷静地分析问题。对不同的意见,总是用"或曰"来提出异议,有时还连用几个"或曰",客观地列举几种说法,引导读者共同进行分析。《难一》至《难四》诸篇,可作为这类辩难体的范例。韩非在论辩中,还善于运用逻辑上矛盾律的原理,以子之矛,陷子之盾(《难势》),使对方进退失据。《诡使》、《六反》诸篇,可作为这种论辩方法的代表。

先秦后期散文,在议论中使用寓言故事以增强形象性和说服力,已成为一时风气。《韩非子》中的许多篇章,对寓言故事的运用已经进入自如的境地。《说林》、《内储说》、《外储说》就集中记录了大量的寓言故事。"郢书燕说"(《外储说·左上》)、"守株待兔"(《五蠹》)等,更成为后人常用的成语典故。

今存《韩非子》版本以宋乾道刊本为最早。注本中较完备的有清代王先慎《韩非子集解》,今人梁启雄《韩子浅解》、陈奇猷《韩非子集释》及周勋初等《韩非子校注》。

姚奠中,1913年生,山西稷山人。著名古典文学专家、书法家、诗人。于1935年考取章太炎先生所招收的唯一一届研究生,先后在安徽、贵州、云南等地从教。1950年回到山西,任山西大学教授。主要著作有《中国文学史》、《章太炎学术年谱》、《姚奠中诗文辑存》、《姚奠中讲习文集》等。以上"代序"选自《姚奠中讲习文集》第1册,原系《中国大百科全书·中国文学》"《韩非子》"词条,题目为编者所拟。

目录

前　言 / 001
韩非其人其书(代序)
　　(姚奠中) / 001
初见秦 / 001
爱　臣 / 008
主　道 / 011
有　度 / 015
二　柄 / 021
孤　愤 / 025
说　难 / 031
和　氏 / 037
亡　征 / 040
说林上 / 046
说林下 / 060
观　行 / 073
用　人 / 075
内储说上·七术 / 079
　一、众端参观 / 079
　二、必罚明威 / 084
　三、信赏尽能 / 090
　四、一听责下 / 092
　五、疑诏诡使 / 094
　六、挟知而问 / 096

七、倒言反事 / 097
内储说下·六微 / 099
　一、权借在下 / 099
　二、利异外借 / 101
　三、托于似类 / 102
　四、利害有反 / 105
　五、参疑内争 / 106
　六、敌国废置 / 108
外储说·左上 / 112
　一、明主之道，如有若之应宓子 / 112
　二、人主之听言，以功用为的 / 115
　三、挟夫相为则责望，自为则事行 / 118
　四、利之所在，民归之；名之所彰，士死之 / 123
　五、"不躬不亲，庶民不信" / 124
　六、小信成则大信立，故明主积于信 / 127
外储说·左下 / 131
　一、以罪受诛，人不怨上；以功受赏，臣不德君 / 131
　二、有术之主，信赏以尽能，必罚以禁邪 / 133
　三、失臣主之理，则文王自履而矜；不易朝燕之处，则季孙终身庄而遇贼 / 135

四、利所禁，禁所利，虽神不行；誉所罪，毁所赏，虽尧不治 / 138
五、臣以卑俭为行，则爵不足以观赏；宠光无节，则臣下侵逼 / 141
六、公室卑，则忌直言；私行胜，则少公功 / 145
外储说·右上 / 146
　一、势不足以化，则除之 / 146
　二、人主者，利害之轺毂也 / 151
　三、术之不行，有故 / 153
外储说·右下 / 156
　一、赏罚共则禁令不行 / 156
　二、治强生于法，弱乱生于阿 / 157
　三、明主之道，如周行人之却卫侯也 / 158
　四、人主者，守法责成以立功者也 / 160
　五、因事之理，则不劳而成 / 161
五　蠹 / 163
附　录
《韩非子》名言警句 / 180
《韩非子》主要版本 / 181
《韩非子》重要研究著述 / 182

◎初见秦

【题解】

"初见秦"即初次求见秦王,这是韩非给秦王的一篇上书,创作目的是希望得到秦王的接见,进而为秦王效劳。题目是后人编辑《韩非子》时所加。

【原文】

臣闻:"不知而言,不智;知而不言,不忠。"为人臣,不忠当死①,言而不当亦当死。虽然,臣愿悉言所闻,唯大王裁其罪②。

【注释】

①当:处断罪人叫当。
②大王:指秦昭王(前324—前251),又作秦襄王、秦昭襄王,名稷。 裁:判定。

【译文】

为臣我听说过这样的话:"不了解情况而议论,是不明智;了解了情况却不阐述,是不忠诚。"作为人臣,不忠诚应该被判死罪,而论说得不妥当也该被判死罪。即便如此,我仍然愿意将我的观点全部讲出来,请大王来判定我陈述过程中的过错。

【原文】

臣闻:天下阴燕阳魏①,连荆固齐②,收韩而成从③,将西面以与秦强为难④。臣窃笑之。世有三亡,而天下得之,其此之谓乎!臣闻之曰:"以乱攻治者亡,以邪攻正者亡,以逆攻顺者亡。"今天下之府库不盈,囷仓空虚⑤,悉其士民,张军数十百万⑥,其顿首戴羽为将军断死于前不至千人,皆以言死。白刃在前,斧锧在后⑦,而却走不能死也。非其士民不能死也,上不能故也。言赏则不与,言罚则不行,赏罚不信,故士民不死也。今秦出号令而行赏罚,有功无功相事也⑧。出其父母怀衽之中,生未尝见寇耳。闻战,顿足徒裼⑨,犯白刃,蹈炉炭,断死于前者皆是也。夫断死与断生者不同,而民为之者,是贵奋死也。夫一人奋死可以对十,十可以对百,百可以对千,千可以对万,万可以克天下矣。今秦地折长补短,方数千里，名师数十百万。秦之号令赏罚、地形利害，天下莫若也。以此与天下，天下不足兼而有也。是故秦战未尝不克，攻未尝不取，所当未尝不破⑩，开地数千里，此其大功也。然而兵甲顿，士民病，蓄积索，田畴荒，囷仓虚，四邻诸侯不服，霸王之名不成。此无异故，其谋臣皆不尽其忠也。

①阴燕阳魏：即北燕南魏，北面连结燕国，南面连结魏国。
②荆：即楚国，楚国最初建国于荆山一带，因而又称"楚"为"荆"。
③从(zòng)：通"纵"，即合纵。
④为难：为敌，作对。
⑤囷(qūn)仓：圆形的谷仓叫囷，方形的谷仓叫仓。
⑥张军：部署、陈列部队。
⑦斧锧(zhì)：古代施行腰斩时所用的刑具。
⑧相事：依据事实而定。
⑨徒裼(xī)：袒胸露臂，赤膊上阵。
⑩当：通"挡"，抵挡，反抗。

　　为臣我听说：天下各诸侯国以赵国为中心，北面连结燕国，南面连结魏国，并且联合楚国，加强与齐国之间的联系，再拉拢韩国，形成了南北相连的"合纵"联盟，打算向西出击，从而与秦国全力作对。为臣我暗自取笑他们的作为。人世间有三种使国家灭亡的途径，天下各个诸侯国都有了，也许正是指这种联合起来攻击秦国的作为吧！为臣我曾听说过这样的话："凭借混乱的国家去攻击安定的国家，一定会灭亡；凭借邪恶的国家去攻击正直的国家，一定会灭亡；凭借倒行逆施的国家去攻击顺应自然的国家，一定会灭亡。"如今天下各诸侯国的国库不充足，粮仓空虚，却调集全部的老百姓，部署成千上万的部队，这中间在统帅面前叩头发誓、希望头戴羽毛替统帅战死于前线的人成千上万都不止，他们发誓要视死如归。但真的展开战斗时，敌人闪闪发光的刀口呈现在面前之时，即使腰斩的刑具放在身后处罚逃兵，这些人仍要逃跑而不能拼死战斗。并不是这些民众不能拼死战斗，而是六国的君主们没有办法让他们去拼命。说是有功要赏，可是真的有功却不兑现赏赐；说是有罪要罚，可是真的有罪却不施行惩罚，赏赐与惩罚不讲信用，所以民众不会拼死命去战斗。如今的秦国发出号令施行赏罚，有功与无功都依据实际的情形论定。秦国的民众从父母的怀抱中长大成人以来，有生之年还未见过敌人，可是一听说要打仗，便英勇地顿足赤膊，迎着敌人闪闪发光的刀剑，脚踏敌人设置的火红的炉炭，战死于前线的人比比皆是。战死于前线与苟且偷生是不可同日而语的，可秦国的民众情愿战死，那是因为秦国的君主极力推崇奋勇战死的精神。一个人奋勇死战可以对付十个敌人，十个人奋勇死战可以对付一百个敌人，一百个人奋勇死战可以对付一千个敌人，一千个人奋勇死战可以对付一万个敌人，一万个人奋勇死战，就可以征服整个天下了。如今秦国的国土截长补短，方圆有数千里，闻名天下的部队有数十百万。秦国所推行的号令、赏罚以及地势上的便利，其他各国没有哪一个可以比得上。凭借这些条件去攻取天下，天下还不够秦国吞并和占有。所以秦国征战而没有不胜利的，攻城而没有不取得的，阻击的敌人没有不被打败的，新开辟的疆土有几千里，这是秦国的伟大功绩啊！可是如今的秦国却兵甲破旧，士民疲惫，积蓄花光，田地荒芜，粮仓空虚，四面相邻的诸侯国都不归服，称霸称王的英名不能成就。这没有其他的缘故，只是因为秦国的谋划之臣都没有竭尽他们的忠心。

【原文】

臣敢言之：往者齐南破荆，东破宋，西服秦，北破燕，中使韩、魏，土地广而兵强，战克攻取，诏令天下。齐之清济浊河，足以为限①；长城巨防，足以为塞。齐，五战之国也，一战不克而无齐。由此观之，夫战者，万乘之存亡也②。且臣闻之曰："削株无遗根，无与祸邻，祸乃不存。"秦与荆人战，大破荆，袭郢，取洞庭、五湖、江南，荆王君臣亡走，东服于陈③。当此时也，随荆以兵，则荆可举；荆可举，则民足贪也，地足利也，东以弱齐、燕，中以凌三晋④。然则是一举而霸王之名可成也，四邻诸侯可朝也，而谋臣不为，引军而退，复与荆人为和。令荆人得收亡国，聚散民，立社稷主⑤，置宗庙令，率天下西面以与秦为难。此固以失霸王之道一矣⑥。天下又比周而军华下，大王以诏破之，兵至梁郭下。围梁数旬，则梁可拔；拔梁，则魏可举；举魏，则荆、赵之意绝；荆、赵之意绝，则赵危；赵危，而荆狐疑；东以弱齐、燕，中以凌三晋。然则是一举而霸王之名可成也，四邻诸侯可朝也，而谋臣不为，引军而退，复与魏氏为和，令魏氏反收亡国，聚散民，立社稷主，置宗庙令。此固以失霸王之道二矣。前者穰侯之治秦也⑦，用一国之兵而欲以成两国之功，是故兵终身暴露于外，士民疲病于内，霸王之名不成。此固以失霸王之道三矣。

①限：防线。
②万乘(shèng)：古代一车四马叫一乘，万乘泛指大国。
③服：与"保"通，保命。
④三晋：因韩、赵、魏三国系瓜分晋国而成，所以也称"三晋"。

⑤社稷主：即土神与谷神的木主。
⑥以：即"已"，已经。
⑦穰(ráng)侯：即魏冉，因被封于穰，故称。

请允许我大胆地陈述这种情况吧：过去齐国在南面打败了楚国，在东面打败了宋国，在西面让秦国臣服，在北面打败了燕国，在中部可以驱使韩国和魏国，国土广阔而兵力强盛，战无不克，攻无不取，号令天下。齐国境内那清澈的济水，浑浊的黄河，足以成为天然的防线；长城和巨防，也足以成为要塞。齐国，是一个五次取得大的战役胜利的国家，然而因为一次战役的失利便失去了齐国固有的威力。由此看来，战争关系到拥有万辆战车的大国的生死存亡。况且为臣我还听说过这样的话："砍削树木不要留下树根，为人处世不要与灾祸邻近，这样灾祸便不会发生。"秦国曾与楚国交战，大败楚国，袭击了郢都，一度占领了洞庭、五湖、江南一带，楚国的君臣们狼狈逃跑，来到东方的陈城保命防守。在这个关键的时刻，秦国若派兵紧追楚军，那么楚国即可攻取；一旦攻取了楚国，那么楚国的民众足以使用，国土资源足以利用，再凭借此向东削弱齐国、燕国，在中原欺凌韩、赵、魏。这样看来，只要当时追击一下楚国的军队，那么霸王之名即可成就，四方的诸侯国即来朝拜，可是谋臣们却没有谋划到这一步，反而率部队退回，又与楚国人达成了和解的协议。致使楚国的君主得以收拾破亡的国家，聚集逃散的民众，树立社稷坛上的神主，设置宗庙祭祀的官员，与天下其他各诸侯国向西与秦国作对。这本来就是已失去的第一次称王称霸的良机。接着，天下各诸侯国又合伙驻兵于华山之下，与秦为敌，大王下令，一举击败他们，秦国的军队乘胜追击，挺进到魏国国都大梁的外城之下。此时，只要围攻大梁几十天，那么大梁即可攻取；一旦攻取了大梁，那么魏国即可取得；取得了魏国，那么楚国和赵国联合与秦作对的念头就会打消；楚国和赵国的这一念头打消了，那么赵国便相当危险了；赵国一危险，楚国就犹豫不决；再凭借此向东削弱齐国和燕国，在中原凌驾于韩、赵、魏之上。这样看来，只要当时围攻大梁几十日，那么霸王之名即可成就，四方的诸侯国即来朝拜。可是谋臣们却没有谋划到这一步，反而率部队退回，又与魏国达成了和解的协议。致使魏国的君主得以收拾破亡的国家，聚集逃散的民众，树立社稷的神主，设立宗庙祭祀的官员。这本来就是已失去的第二次称王称霸的良机。先前穰侯魏冉治理秦国之时，企图用一个国家的兵力来成就两个国家的功业，所以士兵终生在国外风吹日晒，民众则在国内疲惫不堪，称王称霸的功名难以成就。这本来就是已经失去的第三次称王称霸的良机。

赵氏，中央之国也①，杂民所居也，其民轻而难用也，号令不治，赏罚不信，地形不便，下不能尽其民力。彼固亡国之形也，而不忧民萌②，悉其士民军于长平之下,以争韩上党。大王以诏破之,拔武安。当是时也,赵氏上下不相亲也,贵贱不相信也。然则邯郸不守。拔邯郸,管山东河间③,引军而去,西攻脩武,逾羊肠,降代、上党。代四十六县,上党七十县,不用一领甲,不苦一士民,此皆秦有也。以代、上党不战而毕为秦矣④,东阳、河外不战而毕反为齐矣,中山、呼沱以北不战而毕为燕矣。然则是赵举,赵举则韩亡,韩亡则荆、魏不能独立,荆、魏不能独立,则是一举而坏韩、蠹魏、挟荆,东以弱齐、燕,决白马之口以沃魏氏,是一举而三晋亡、从者败也。大王垂拱以须之⑤,天下编随而服矣,霸王之名可成。而谋臣不为,引军而退,复与赵氏为和。夫以大王之明,秦兵之强,弃霸王之业,地曾不可得,乃取欺于亡国,是谋臣之拙也。且夫赵当亡而不亡,秦当霸而不霸,天下固以量秦之谋臣一矣。乃复悉士卒以攻邯郸,不能拔也,弃甲兵弩,战竦而却,天下固已量秦力二矣。军乃引而复,并于孚下,大王又并军而至,与战不能克之也,又不能反,军罢而去⑥,天下固量秦力三矣。内者量吾谋臣,外者极吾兵力。由是观之,臣以为天下之从,几不难矣。内者,吾甲兵顿,士民病,蓄积索,田畴荒,囷仓虚;外者,天下皆比意甚固⑦。愿大王有以虑之也。

① 中央之国:赵国位于燕国之南,齐国之西,魏国之北,韩国之东,故名。
② 民萌:即民众。萌,通"氓"。
③ 管:控制。 山东:指太行山以东。
④ 以:此。
⑤ 须之:等待。
⑥ 罢(pí):疲惫。
⑦ 比意:即"合纵"之意图。比,合也。

那赵国,是地处中央的国家,各地的民众杂居于此,国内的民众轻狂而不易役使,法律条令没有头绪,奖赏与惩罚不讲信用,地理形势不利于防守,对下又不能让全国的百姓竭尽全力保家卫国。它本来就有了亡国的征兆,又不爱惜民众,征调全部兵士驻扎于长平城下,来争夺韩国的上党郡。大王您下命令打败了他们,攻取了武安城。此时此刻,赵国君臣上下不和睦,上级与下级互不信任。在此情形之下,赵国的邯郸城是守不住的。此时秦国若攻取了邯郸,那么就控制了太行山以东的河间地区;若再率军离开那儿,向西攻打脩武,翻过羊肠要塞,即可以降服代郡和上党郡。如此一来，代郡的四十六个县，上党郡的七十个县，不用一副铠甲，不劳苦一个士兵，就可以成为秦国的领地。这样的话，代郡和上党郡不经过战斗便全部为秦国所有，东阳、滹沱河外一带不经过战斗反而全部为齐国所有，中山故国、滹沱河以北的地区不经过战斗却全部为燕国所有。这样一来，赵国便被夺取了；赵国被夺取，韩国也会灭亡；韩国一灭亡，那么楚国和魏国便不可能独立存在；楚国和魏国不能独立存在，那么这一攻取邯郸的军事行动，便毁灭了韩国，蛀蚀了魏国，控制了楚国，向东还可以削弱齐国和燕国的力量，决开白马渡口还可以水淹魏国，这是采取一个军事行动便使韩、赵、魏三国灭亡，让合纵的联盟解体的关键之战啊！大王您只要垂衣拱手相待，天下各国便会接二连三地前来归顺，称王称霸的功名即可成就。可是谋划的臣子却未考虑到这一点，反而带领部队撤退，又与赵国人讲和。凭大王您的圣明，秦国士兵的强盛，抛弃称王称霸的功业不做，土地也不曾取得，反而还被行将灭亡的赵国所欺骗，这说明出谋划策的谋臣太笨拙了。况且那赵国理当灭亡却不亡，秦国理当称霸而不霸，天下各国本来已经初次衡量出秦国谋臣的水平了。接着，秦国竟然又动用全部士卒去攻打邯郸，结果未能攻下，只好丢弃盔甲兵器，战战兢兢地向后退却，天下各国已再次衡量出秦国的实力了。此后，秦国的部队又返回来，汇聚于邯郸外城之下，大王您又派来增援的部队，此时，与敌人作战不能战胜他们，主动撤退也不现实，直到部队疲惫不堪时才逃走，天下各国又第三次衡量出秦国的实力。人家对内看透了我们的谋臣，对外耗尽了我们的兵力。由此看来，我以为天下各国联合抗秦，几乎不是什么难事。在国内，我们的铠甲兵器破旧不堪，士兵疲惫，积蓄缺少，田地荒芜，粮仓空虚；在国外，天下各国联合抗秦的意图十分坚定。希望大王您对这种形势有所考虑。

【原文】

且臣闻之曰："战战栗栗，日慎一日，苟慎其道，天下可有。"何以知其然也？昔者纣为天子，将率天下甲兵百万①，左饮于淇溪②，右饮于洹溪③，淇水竭而洹水不流，以与周武王为难。武王将素甲三千④，战一日，而破纣之国，禽其身⑤，据其地而有其民，天下莫伤。知伯率三国之众以攻赵襄主于晋阳，决水而灌之三月，城且拔矣，襄主钻龟筮占兆⑥，以视利害，何国可降。乃使其臣张孟谈。于是乃潜行而出，反知伯之约，得两国之众以攻知伯，禽其身，以复襄主之初。今秦地折长补短，方数千里，名师数十百万。秦国之号令赏罚、地形利害，天下莫如也。以此与天下，可兼而有也。臣昧死愿望见大王，言所以破天下之从、举赵、亡韩、臣荆魏、亲齐燕，以成霸王之名、朝四邻诸侯之道。大王诚听其说，一举而天下之从不破，赵不举，韩不亡，荆、魏不臣，齐、燕不亲，霸王之名不成，四邻诸侯不朝，大王斩臣以徇国，以为王谋不忠者也。

①将(jiàng)：统帅。
②左：指东边。
③右：指西边。
④素甲：白色的铠甲，为周文王服丧，故而用白色。
⑤禽：同"擒"。
⑥钻龟：古人占卜时钻烧龟壳，由龟壳的裂纹推断预测吉凶。 筮(shì)：古人用蓍草排列成卦，推断吉凶。占兆：通过兆象推测吉凶。

　　况且为臣我还听说过这样的话："胆战心惊，一天比一天谨慎，假若能慎重地遵循正确的原则，那么便可以拥有天下。"凭什么知道这样的结果呢？先前商纣王当天子，统帅天下百万雄师，部队东边在淇溪喝水，西边在洹溪喝水，结果淇溪被喝干了，洹溪也因为水少而不能流动，商纣王就是凭借这样庞大的部队来与周武王作对。可是，周武王统帅着为周文王服丧的、穿着白色铠甲的士兵三千人，在甲子日战斗一天，便攻破了商朝的国都，商纣王本人也被活捉，周武王占有了商朝的土地，拥有了商朝的民众，天下之人没有谁可怜纣王。智伯曾率领智氏、韩氏、魏氏三国的部队到晋阳攻打赵襄子，决开河堤水淹晋阳城达三个月，晋阳城将要被攻克了，赵襄子用钻烧龟壳、排列蓍草的方式占卜预测吉凶，看该向谁投降。于是派出臣子张孟谈。张孟谈这才偷偷潜出晋阳城，策动韩、魏背叛智伯，再联合这两国的军队来攻打智伯，将智伯活捉，恢复了赵襄子固有的地位。如今秦国的土地截长补短，方圆几千里，有名的精锐之师有近百万。秦国法令的严明，赏罚的信誉，地形的便利，天下没有哪一个国家能比得上。凭这些有利条件去攻取天下，天下各国都可以被兼并占有。为臣我冒着死罪希望能拜见大王您，阐述破坏天下六国的合纵之约、攻取赵国、灭亡韩国、让楚国与魏国臣服、使齐国与燕国来亲附，进而成就您称王称霸的功名、让四方的诸侯国前来朝拜的计谋。大王您果真听从了我的计谋，采取了相应的行动，可是天下六国的合纵之约不被破坏，赵国没有攻取，韩国没有灭亡，楚国、魏国不来称臣，齐国、燕国不来亲附，称王称霸的英名不能成就，四方的诸侯国不来朝拜，那么请大王您将我杀掉在全国示众，将我当作不忠心地为大王出谋划策的典型加以处置好了。

◎爱 臣

题解

"爱臣"即宠爱臣下。文章分析了过分宠爱臣下的危害,并提出相应的对策。

原文

爱臣太亲,必危其身;人臣太贵,必易主位;主妾无等①,必危嫡子;兄弟不服,必危社稷。臣闻:千乘之君无备②,必有百乘之臣在其侧,以徙其民而倾其国;万乘之君无备,必有千乘之家在其侧,以徙其威而倾其国。是以奸臣蕃息③,主道衰亡。是故诸侯之博大,天子之害也;群臣之太富,君主之败也。将相之营主而隆家④,此君人者所外也。万物莫如身之至贵也,位之至尊也,主威之重,主势之隆也。此四美者,不求诸外,不请于人,义之而得之矣⑤。故曰:人主不能用其富,则终于外也。此君人者之所识也⑥。

注释

①主妾:妻子和小妾。
②千乘(shèng):古代一车四马为一乘,千乘指一千辆车。
③蕃息:繁殖滋生。
④营主:营惑君主。 隆家:使权贵之间互相争斗。
⑤义:合宜。
⑥识:记住。

译文

君主若与所宠幸的大臣关系太密切,一定会危及自身;臣子若太显贵,一定会轻视君主的权位;君主的妻妾无等级差别,一定会危及正妻所生的儿子;君主的兄弟对君主不服从,一定会危及国家的安全。我听说过这样的话:拥有千辆马车的君主如不加以防备,一定会有拥有一百辆马车的臣子在君主的旁边,他们迁徙君主的臣民,倾覆君主的国家;拥有一万辆马车的君主如不加以防备,一定会有拥有一千辆马车的权贵在君主的旁边,他们迁徙君主的威望,倾覆君主的国家。因此说奸诈之臣繁殖滋生,君主的统治便会衰亡。所以,诸侯强盛壮大,是天子的祸害;大臣拥有过多的财富,是君主失败的征兆。文官武将中的高级官员营惑君主并且使各个权贵相互争斗,这是作为君主所应排斥的。天下万事万物,没有比身体更宝贵的,没有比君位更尊贵的,没有比君主的威望更重要的,没有比君主的权势更隆昌的。这四样美好的东西,不必向外部寻求,也不必向他人请求,君主自己合理处置便能得到。因此说,君主若不能好好利用他的这些财富,那他的命运一定会为奸臣所断送。作为君主,应该记住这一点。

昔者纣之亡,周之卑,皆从诸侯之博大也;晋之分也,齐之夺也,皆以群臣之太富也。夫燕、宋之所以弑其君者,皆此类也。故上比之殷、周,中比之燕、宋,莫不从此术也。是故明君之蓄其臣也,尽之以法,质之以备。故不赦死,不宥刑①,赦死宥刑,是谓威淫,社稷将危,国家偏威②。是故大臣之禄虽大,不得籍城市③;党与虽众,不得臣士卒。故人臣处国无私朝,居军无私交,其府库不得私贷于家。此明君之所以禁其邪。是故不得四从④,不载奇兵⑤。非传非遽⑥,载奇兵革,罪死不赦。此明君之所以备不虞者也⑦。

①宥(yòu):宽恕。
②偏威:做臣子的取得本该属于君主的威信。
③籍:入籍占有。
④四从:四,即"驷",四匹马。从,跟随的人。
⑤奇兵:刀剑一类的兵器。奇,单只,与上文"四从"相对。
⑥传(zhuàn)、遽(jù):驿站或驿站之间的快车、快马。
⑦虞:预料。

从前商纣王的灭亡,周王朝的衰落,都是因为诸侯国的强大;晋国被三家瓜分,齐国被田氏篡权,都是因为大臣们太富裕了。燕国、宋国的臣子弑杀他们的君主,也是这一类原因。因此与上古的殷、周二代相比,与中古的燕、宋二国相比,没有什么臣子不是依靠这种手段来夺取君权的。所以贤明的君主蓄养他的大臣,让所有的人都知晓法律,采取各种措施监督他们的思想以防备万一。因此决不赦免死罪,决不减轻刑罚。一旦赦免死罪,减轻刑罚,就意味着威信散失,这样一来,国家就危险了,本来属于国家的威势就让大臣夺走了。所以,大臣的官禄再大,也不允许他将城市列入自己的户籍,据为己有;同党同派的人再多,也不允许他们将士卒当成自己的臣下。因此大臣处在国家的重要位置,不该为自己谋私利;处在军中的要职上,不该有私人之间的交往;他们府库中的财物不得私自借贷给别人。这是贤明的君主禁止邪门歪道的途径。所以才给大臣规定:不得乘坐四匹马拉的、跟有随从的车，不得携带哪怕是刀剑一类的短小兵器。假如不是驿站的快车快马执行紧急公务而携带兵器，其罪当诛，不予赦免。这才是贤明的君主防备意外危险的方法。

◎ 主　道

【题解】

"主道",即作为君主应具备的统治臣民的道术,反映了韩非政治思想的基本内容。

【原文】

道者①,万物之始,是非之纪也。是以明君守始以知万物之源,治纪以知善败之端。故虚静以待令,令名自命也,令事自定也。虚则知实之情,静则为动之正。有言者自为名,有事者自为形,形名参同②,君乃无事焉,归之其情。故曰:君无见其所欲,君见其所欲,臣自将雕琢;君无见其意,君见其意,臣将自表异。故曰:去好去恶,臣乃见素③;去旧去智,臣乃自备。故有智而不以虑,使万物知其处;有贤而不以行,观臣下之所因;有勇而不以怒,使群臣尽其武。是故去智而有明,去贤而有功,去勇而有强。群臣守职,百官有常,因能而使之,是谓习常。故曰:寂乎其无位而处,漻乎莫得其所④。明君无为于上,群臣竦惧乎下⑤。明君之道,使智者尽其虑,而君因以断事,故君不穷于智;贤者效其材,君因而任之,故君不穷于能;有功则君有其贤,有过则臣任其罪,故君不穷于名。是故不贤而为贤者师,不智而为智者正⑥。臣有其劳,君有其成,此之谓贤主之经也。

①道:这个"道"指存在于宇宙的客观规律,它是天地万物的总源。
②参:检验。
③素:原本的面貌。
④漻(liáo):寂静无声。
⑤竦(sǒng):通"悚",惧怕。
⑥正(zhēng):古代指射箭的靶心,这里是指是非的标准。

道是万物的起源,是非的准则。因此贤明的君主把持住这个起始,就可了解万物的本源;坚守住这个准则,就可了解成败的端倪。君主用虚无和平静的心态对待一切,让名称依据它本身的特点加以命名,让事物依据它本身的规律加以确定。虚无才能了解事物真实的情况，平静才能判定运动的标准。具备言论的人自有名目，具备行动的人自有实践，只要言论和行动相吻合，君主就无需身体力行，从而使事物回归到它们各自本来的面目。因此说，君主不要表现出自己的欲望，君主若表现出自己的欲望，大臣就会雕琢言行适应君主的欲望；君主不要表现出自己的意愿，君主若表现出自己的意愿，大臣就会依据君主的意愿去表现，就可能与他的实际不相符。所以说，君主掩饰住本身的喜好与厌恶，大臣就会表现出他们本来的一面；君主掩饰住自身的智慧与成见，大臣们就会自我谨慎。因而即使有智慧也不用思虑，让万物保持它们固有的位置；即使贤能也不去施行，去观察臣子言行的依据；有勇气也不去逞能，让群臣竭力发挥他们的勇武。故而摒弃智慧却显得更明智，摒弃贤能却显得更有成效，摒弃勇气却显得更加强大。群臣各司其职，百官自有法度，根据他们的才能而加以任用，这叫作遵守常规。因此说，清清静静啊君主好像不处在他的君位上，虚无缥缈啊臣民们无人知道君主的所在。贤明的君主在上面无所作为，大臣们在下面胆战心惊，恪尽职守。贤明君主治理国家的方法是，使有智慧的人竭尽他们的谋略，君主凭借他们的谋略决断事务，于是国君才有用不完的智慧；使贤能的人尽力贡献出他们的才能，有了成就君主就获得贤名，有了过失大臣就担当罪责，因而国君有用不完的名望。如此一来，国君不贤明而能成为贤者的师长，国君不聪明而能成为评判聪明者是非的标准。所有的劳苦由大臣们承担，所有的功劳由国君享有，这就是贤明君主的治国之道。

【原文】

　　道在不可见①，用在不可知。虚静无事，以暗见疵。见而不见②，闻而不闻，知而不知。知其言以往，勿变勿更，以参合阅焉。官有一人，勿令通言，则万物皆尽。函掩其迹，匿其端，下不能原③；去其智，绝其能，下不能意。保吾所以往而稽同之，谨执其柄而固握之。绝其望，破其意，毋使人欲之。不谨其闭④，不固其门，虎乃将存⑤。不慎其事，不掩其情，贼乃将生。弑其主，代其所，人莫不与，故谓之虎。处其主之侧，为奸臣，闻其主之忒⑥，故谓之贼。散其党，收其馀，闭其门，夺其辅，国乃无虎。大不可量，深不可测，同合刑名⑦，审验法式，擅为者诛，国乃无贼。是故人主有五壅⑧：臣闭其主曰壅，臣制财利曰壅，臣擅行令曰壅，臣得行义曰壅，臣得树人曰壅。臣闭其主，则主失位；臣制财利，则主失德；臣擅行令，则主失制；臣得行义，则主失名；臣得树人，则主失党。此人主之所以独擅也，非人臣之所以得操也。

①道：这个"道"指为君的方法。
②而：如，像。
③原：探查本源。
④闭：门闩。
⑤虎：这里比喻将会篡夺权力的臣子。
⑥忒：过失或错误。
⑦刑：通"形"。
⑧壅(yōng)：堵塞，不畅通。

为君之道，在于隐蔽自己让臣子不可捉摸；使用这个方法，要让大臣们感觉不到。用虚无平静和无所事事的态度，暗中考察大臣的过错。看见了犹如没有看见，听见了犹如没有听见，知道后假装不知道。君主了解了臣子的言论之后，不要改变更动什么，而要用验证的方法检验其言论是否与实际相吻合。每个官职只设置一人，不让官员串通消息，那么一切都会原形毕露。君主将自己的心理掩盖起来，隐藏事情的端倪，臣下便不能探究出事物的源头；君主摒弃自己的智慧，泯灭自己的才能，臣下便不能揣测君主的心思。君主坚持自己的一贯做法去考察臣子的言行是否一致，谨慎地将国家大权牢牢地掌握在手中。断绝臣子的非分之想，破除臣子的欲望，不要让他们有谋求君权的想法。但是假如不谨慎地留意门闩，不关好大门，像虎一样可怕的篡夺君位的权臣就将存在。不慎重地行事，不掩饰住君主的感情，叛贼就会产生。弑杀君主，篡夺君位，别的人没有敢不顺从的，因而称这些人是老虎。这些人处在君主的左右，成为隐藏的奸臣，暗中观察君主的过失，因而称他们为叛贼。君主如果解散奸党的组织，收捕奸党的残余势力，查封奸党的门徒，铲除奸党的帮凶，国家便没有恶虎了。君主的治国之术大不可量，深不可测，考察臣子的言行是否一致，审察臣下的活动是否合法，只要发现有犯法的人就诛杀，如此国家便没有叛贼了。所以说君主有五种不畅通的情况：大臣蒙蔽君主的耳目，是第一种不畅通；大臣控制了国家的财政，是第二种不畅通；大臣擅自发号施令，是第三种不畅通；大臣能够施行仁义从而取代君主的恩泽，是第四种不畅通；大臣能够私下培植党羽，是第五种不畅通。大臣蔽塞了君主的耳目，那么君主就会失去君位；大臣控制了国家的财政，那么君主就会失去恩德；大臣擅自发号施令，那么君主就会失去权力；大臣能够施行仁义，那么君主就会失去名望；大臣能够私下培植党羽，那么君主就会失去自己的跟随者。以上种种权力都是应由君主独享的，而不是大臣可以随便掌握的。

人主之道，虚静以为宝。不自操事，而知拙与巧；不自计虑，而知福与咎。是以不言而善应,不约而善增。言已应则执其契,事已增则操其符。符契之所合,赏罚之所生也。故群臣陈其言,君以其言授其事,以其事责其功。功当其事,事当其言,则赏;功不当其事,事不当其言,则诛。明君之道,臣不得陈言而不当。是故明君之行赏也,暧乎如时雨①,百姓利其泽;其行罚也,畏乎如雷霆②,神圣不能解也。故明君无偷赏③,无赦罚。赏偷则功臣堕其业④,赦罚则奸臣易为非。是故诚有功,则虽疏贱必赏;诚有过,则虽近爱必诛。疏贱必赏,近爱必诛,则疏贱者不怠,而近爱者不骄也。

①暧:浓云覆盖的样子。
②畏:通"威",威力。
③偷:苟且,随便。
④堕:通"惰",怠慢,懒惰。

  为君之道,以虚无、平静为法宝。君主不用亲自主持政事,就能知道大臣们做事是愚笨还是巧妙;不用亲自谋划考虑,就能知道事物的发展趋势是吉祥还是灾祸。因此君主不必表达自己的意见,臣子们就会提出好多应对之策;不必规定臣子们干什么,他们就会做好多事。大臣提出应对之策后,君主如同拿着刻契一样对大臣进行考核;大臣干完事情之后,君主如同手执符节一样对大臣进行检验。假若大臣的言行如同符契一样相合,就奖赏,否则就惩罚。因而群臣陈述他们的政见,君主则根据他的言论安排他的职务,根据交代给他们的任务责求取得的成效。假如取得的成效与交办的任务相合,所做之事与他的政见吻合,就给予奖赏;假如取得的成效与交办的任务不相合,所做之事与他的政见不吻合,就给予处罚。明君的治国之道是,大臣不得阐述不得当的政见。所以明君施行奖赏,如同即将来临的及时雨一样浓云覆盖,老百姓都能享受他的恩泽;明君施行惩罚,如同电闪雷鸣一般威严可怕,即使是"神圣"也不能获免。因此说,明君不随便奖赏,不无故赦免罪责。若随便奖赏,那么有功之臣就会对自己的事业松懈;若无故赦免罪责,那么奸诈之臣就容易为非作歹。所以,如果真的有功劳,那么即使是与君主疏远的、地位低贱的,也一定奖赏;若真的有过错,那么即使是与君主亲近的、为君主所宠爱的,也一定惩罚。疏远的、低贱的一定奖赏,亲近的、宠爱的一定责罚,则疏贱的人不敢怠慢,而近爱的人也不敢骄横了。

◎有　度

"有度"即有法度。全文阐述了以法治国的政治主张，是韩非法治思想的集中体现。

原文

国无常强，无常弱。奉法者强，则国强；奉法者弱，则国弱。荆庄王并国二十六，开地三千里；庄王之氓社稷也①，而荆以亡。齐桓公并国三十，启地三千里；桓公之氓社稷也，而齐以亡。燕襄王以河为境，以蓟为国，袭涿、方城②，残齐，平中山，有燕者重，无燕者轻；襄王之氓社稷也，而燕以亡。魏安釐王攻燕救赵③，取地河东；攻尽陶、卫之地，加兵于齐，私平陆之都；攻韩拔管，胜于淇下；睢阳之事，荆军老而走；蔡、召陵之事，荆军破；兵四布于天下，威行于冠带之国——安釐王死而魏以亡。故有荆庄、齐桓，则荆、齐可以霸；有燕襄、魏安釐，则燕、魏可以强。今皆亡国者，其群臣官吏皆务所以乱，而不务所以治也。其国乱弱矣，又皆释国法而私其外，则是负薪而救火也，乱弱甚矣。

①氓：通"亡"，死去。
②袭：以……为屏障。
③魏安釐(xī)王：前276—前243年在位，名圉，战国时魏国君主。

国家不可能长久保持强大，也不可能长久都是弱小。执行法律的人依法行事，那么国家就强大；执行法律的人不依法行事，那么国家就衰弱。楚庄王曾经兼并了二十六个小国，新开辟土地三千里；可是待庄王去世之后，楚国的势力便慢慢削弱了。齐桓公曾经兼并了三十个小国，开拓疆域三千里；可是待桓公去世之后，齐国的势力便慢慢削弱了。燕襄王曾以黄河为国界，以蓟城为国都，以涿邑和方城为屏障，攻下齐国，灭掉中山国，在当时，别的诸侯国有燕国的支持就被重视，没有燕国的支持就被轻视；可是当襄王去世之后，燕国的势力便慢慢削弱了。魏安釐王曾经攻打燕国，救助赵国，收复了黄河以东一带；又乘胜攻下定陶、卫国等地，同时还向齐国宣战，并且占领了作为齐国五都之一的平陆；又攻打韩国，夺取管地，在淇水下游大获全胜；睢阳战役，魏国又迫使因旷日作战而疲惫不堪的楚军弃甲而逃；在蔡陵、召陵之战中又连续击败楚军；魏国的军队分布于四面八方，魏国国君在中原的文明之国中威风凛凛——可是当魏安釐王去世后，魏国也便慢慢削弱了。因此在拥有楚庄王、齐桓公之时，楚国、齐国就可以称霸一方；在拥有燕襄王、魏安釐王之时，燕国、魏国就可以逞强。如今这些国家都衰亡了，是由于这些国家中的群臣官吏都在从事扰乱国家的勾当，而并非在努力治理国家。国家已经混乱削弱了，又摒弃国家的法度，而在法度之外牟取私利，这就犹如背着干柴去救火，火势只能愈烧愈旺，国家也只会愈加混乱衰弱。

故当今之时，能去私曲就公法者，民安而国治；能去私行行公法者，则兵强而敌弱。故审得夫有法度之制者以加群臣之上，则主不可欺以诈伪；审得夫有权衡之称者以听远事，则主不可欺以天下之轻重①。今若以誉进能，则臣离上而下比周②；若以党举官③，则民务交而不求用于法。故官之失能者其国乱。以誉为赏、以毁为罚也，则好赏恶罚之人，释公法，行私术，比周以相为也。忘主外交，以进其与，则其下所以为上者薄矣。交众与多，外内朋党，虽有大过，其蔽多矣④。故忠臣危死于非罪，奸邪之臣安利于无功。忠臣之所以危死而不以其罪，则良臣伏矣；奸邪之臣安利不以功，则奸臣进矣。此亡之本也。若是，则群臣废法而行私重，轻公法矣。数至能人之门，不壹至主之廷；百虑私家之便，不壹图主之国。属数虽多，非所以尊君也；百官虽具⑤，非所以任国也。然则主有人主之名，而实托于群臣之家也。故臣曰：亡国之廷无人焉。廷无人者，非朝廷之衰也。家务相益，不务厚国；大臣务相尊，而不务尊君；小臣持禄养交，不以官为事。此其所以然者，由主之不上断于法，而信下为之也。故明主使法择人，不自举也；使法量功，不自度也。能者不可弊⑥，败者不可饰，誉者不能进⑦，非者弗能退⑧，则君臣之间，明辩而易治，故主雠法则可也⑨。

①轻重：轻重颠倒之事。
②比周：结党营私。
③党：朋友、党派。
④蔽：隐蔽，打掩护。
⑤具：通"俱"，一应俱全。

⑥弊：埋没。
⑦誉：这里指徒有虚名。
⑧非：被非难。
⑨雠法：校定法令能否推行。

因此说在当今之世，有了能够摒弃私利、以法行事的君主，人民就安定，国家就繁荣；有了能够摒弃私心杂念、一心奉公守法的大臣，本国就会强大，敌国就会被削弱。所以通过审查、检验得到那些守法度的大臣，让这些人领导群臣，那么君主就不可能被奸诈和虚伪所欺骗；通过审查、检验得到那些善于权衡利弊的大臣，让这些人处理朝廷之外的事务，那么君主就不可能被天下轻重颠倒的事欺骗。如今若凭借声誉举荐人才，那么臣子便会远离君主而在下面结党营私；若依据朋党关系推荐官员，那么百姓就会热衷于建立关系网而不依法办事。因此说，如果用错了官员，所用非所能，那么这个国家就会混乱。假如依据名声给予奖赏，依据诋毁给予处罚，那么那些喜欢奖赏、厌恶处罚的人，就会抛弃正常的处事原则，玩弄牟取私利的勾当，结党营私，相互利用。这些人忘记君主而一味与外界交往，不断举荐他的党羽，那么处在下位的人就很少为君主考虑谋划。如果相结交的人逐渐增多，内外朋比为奸，即使有大过错的人处在君主的左右，为犯错者掩盖罪行的人也会很多。如此一来，忠臣往往处于危难甚至死于非罪，而奸邪之臣即使没有功劳也能又安全又获利。若是忠臣不因犯罪而身处危难甚至死亡的境地，那么良臣就潜伏不出了；若是奸邪之臣不因功劳而获取安全和利益，那么奸臣都会进入朝廷——这是国家灭亡的根本原因。若是这么一种状况，那么群臣便会废弃公法转而去重视私利，国家的法度就被轻视了。他们多次前往善于结交的权贵之门，而一次也不去君主的朝廷；上百次考虑自己的私利，一次也不为国操劳。设置的官员虽然众多，但并不尊重君主；各种职位一应俱全，但却不能胜任治理国家的重任。这样，君主徒有君主的名分，而实际上是在依托群臣的势力。因此为臣我说，将要灭亡的国家，朝廷中没有什么可以依靠的人。朝廷之中没有可依靠的人，并非指朝廷之中的大臣少了，而是这些人都在谋划如何发家致富，根本不去考虑增加国家的财富；职位高的官员都在相互吹捧巴结，而不去尊重君主；职位低的官员用俸禄结交朋友，不把工作放在心上。造成这种状况的原因，是由于君主处在上位而不用法令决断事务，却听凭下面胡作非为。因此说，贤明的君主通过法令选择人才，而不凭自己的意愿举荐；根据法令衡量一个人的功劳，而不去自我评判。这样做的结果是，有才能的人不被埋没，没有才能的人无法掩饰，徒有虚名的人不被举荐，遭受非难的人不被冤屈，那么君主对臣子的功劳过失就会一目了然，国家也易于治理。因此说，君主只要校定法令能否推行就可以了。

【原文】

贤者之为人臣，北面委质①，无有二心。朝廷不敢辞贱，军旅不敢辞难，顺上之为，从主之法，虚心以待令，而无是非也。故有口不以私言，有目不以私视，而上尽制之②。为人臣者，譬之若手，上以修头，下以修足。清暖寒热，不得不救；镆铘傅体，不敢弗搏。无私贤哲之臣，无私事能之士。故民不越乡而交，无百里之戚。贵贱不相逾，愚智提衡而立③，治之至也。今夫轻爵禄，易去亡④，以择其主，臣不谓廉。诈说逆法，倍主强谏⑤，臣不谓忠。行惠施利，收下为名，臣不谓仁。离俗隐居，而以非上，臣不谓义。外使诸侯，内耗其国，伺其危险之际以恐其主，曰："交非我不亲，恐非我不解。"而主乃信之，以国听之，卑主之名以显其身，毁国之厚以利其家，臣不谓智。此数物者，险世所说也⑥，而先王之法所简也⑦。先王之法曰："臣毋或作威，毋或作利，从王之指；毋或作恶，从王之路。"古者世治之民，奉公法，废私术，专意一行，具以待任。

①委质：叩头行礼。
②制：拥有，控制。
③提衡：相等，相对。
④去亡：去别的地方找出路。
⑤倍：通"背"，背叛。
⑥说：通"悦"，高兴。
⑦简：抛弃。

贤德的人当臣子，面向君主所在的北方叩头行礼，无有二心。身处朝廷之中不敢推辞卑贱的职位，身处军旅之中不敢推辞危难的任务，顺从君主的命令，遵从君主的法令，虚心地等待命令，没有什么不同的意见。因此虽然有口但不因私事而发言，虽然有眼却不因私事而观察，群臣全部为国君所控制。做大臣的，一如君主的手臂，在上面修理头发，在下面修理双脚。冷暖寒热，不得不去护理；刀剑刺向身体时，不得不去阻挡。国君不应对贤哲之臣私下偏护，也不应对有能耐的人士私下爱惜。所以老百姓不去跨越本乡而到异乡结交朋友，也没有百里以外的亲戚。高贵者和低贱者各处其位，不相逾越，愚笨的和有智慧的相对独立，这是治理国家的最高境界。如今那些轻视爵禄，轻易去改换门庭、选择新主人的臣子，还够不上廉洁。用欺诈的学说逆法令而行，背叛君主强行进谏者，还够不上是忠臣。

施行恩惠小利，收买下面的人从而抬高自己的威望的人，还够不上是仁德的臣子。脱离尘俗去隐居，而去非难君主，这样的臣子还够不上讲道义。在外出使诸侯国，在内损耗自己的国家，趁国家危险之际，恐吓君主道："对外交往若没有我就不可能与别国建立亲近的关系，别国对本国的威胁若没有我也不能化解。"君主听信了这些话，让国家听从他的指挥，他便借机压低君主的名望以彰显自身，毁坏国家的积累以满足他一家的私利，这样的臣子够不上明智。以上种种情形，是危险的世道所赞同和流行的，而先王的法令则是抛弃不用的。先王的法令是：臣子不得作威作福，不得牟取私利，一切都得听从君主的安排；臣子不得干坏事，要听从君主的指挥。古时候社会治理得好，人民都奉公守法，抛弃私心杂念，一心一意等待君主的任用。

原文

夫为人主而身察百官，则日不足，力不给。且上用目，则下饰观；上用耳，则下饰声；上用虑，则下繁辞。先王以三者为不足，故舍己能而因法数①，审赏罚。先王之所守要，故法省而不侵。独制四海之内，聪智不得用其诈，险躁不得关其佞②，奸邪无所依。远在千里外，不敢易其辞；势在郎中③，不敢蔽善饰非；朝廷群下，直凑单微④，不敢相逾越。故治不足而日有余，上之任势使然也。夫人臣之侵其主也，如地形焉，积渐以往，使人主失端，东西易面而不自知。故先王立司南以端朝夕。故明主使其群臣，不游意于法之外，不为惠于法之内，动无非法。峻法，所以遏灭外私也；严刑，所以遂令惩下也。威不贷错，制不共门。威制共则众邪彰矣。法不信则君行危矣，刑不断则邪不胜矣。故曰：巧匠目意中绳，然必先以规矩为度；上智捷举中事，必以先王之法为比。故绳直而枉木斫，准夷而高科削⑤，权衡县而重益轻⑥，斗石设而多益少。故以法治国，举措而已矣。法不阿贵，绳不挠曲。法之所加，智者弗能辞，勇者弗敢争。刑过不避大臣，赏善不遗匹夫。故矫上之失，诘下之邪，治乱决缪，绌羡齐非，一民之轨，莫如法。厉官威民，退淫殆，止诈伪，莫如刑。刑重则不敢以贵易贱；法审则上尊而不侵。上尊而不侵，则主强而守要，故先王贵之而传之。人主释法用私，则上下不别矣。

①因：依凭。
②关：设置，施展。
③䙝(xiè)：与"亵"同。亲近、宠幸。

④直:通"只",只有。
⑤准夷:将水平器放平。
⑥县:通"悬",悬挂起来。

　　当君主的,假如亲自去考察百官,那么时间不充裕,精力也不够用。况且君主若用眼睛观察,下面就会修饰其外观;君主若用耳朵打探,下面就会修饰其言辞;君主若用心去考察,下面就会喋喋不休地谈论。先王认为这三种方法都有所不足,因此舍弃自己本身的能耐而去依凭法令,审定赏罚。先王把持住这个要义,所以法令简单而君权不受侵害。君主独自控制了四海之内的臣民,致使聪明智慧的不得施展他们险诈的本领,阴险狡猾的不得施展他们如簧的巧舌,奸诈邪恶的没有可依靠的。即便远在千里,也不敢口是心非;即便是近在君主身边的郎中,也不敢掩盖善的、修饰坏的;朝廷中的大小臣子,只敢将自己的微薄力量汇合起来,而不敢有越轨的行为。因此治理工作毫不费力而时间却绰绰有余,这是君主使用法令权势得当的结果啊。臣子对君主权势的侵害,犹如地形的变化一样,渐渐积累,致使君主迷失方向,东西方向颠倒尚且不知。因此先王设立司南之官来明确早晚太阳的方向。所以贤明的君主领导群臣,不让他们在法令之外打主意,不让他们在法令之内施行恩惠,一切行动没有不合法度的。严峻的法令是用以遏制和消灭外部的私心杂念的;严厉的刑罚是用以贯彻命令惩处小民的。威信不能够由上下共同创建,权势不能够由上下共同使用。威信和权势如果由上下共同把握,那么各种邪恶之事便会明目张胆地出现。执行法令如果失去信用,那么君主的处境就危险了;执行刑罚不果断,那么邪恶就不可战胜了。因此说,灵巧的工匠用目测就可达到墨线的要求,但是仍一定以圆规、矩尺为标准;智商高的人虽然办事敏捷合乎情理,但是仍一定得以先王的法令为参照。所以墨线直了,多余的木头就被砍掉了;水平器放平了,高出的土包就被削平了;悬起秤杆,就可以调节轻重以使秤杆平衡;设置斗石(dàn),就可以调节多少。以此类推而依法治国,则不外乎法令的制定和执行。法令不迁就地位高的人,墨线不向弯曲的部分倾斜。法令所加之处,有智慧的人不能凭聪明而推辞,勇猛的人不敢凭果敢而相争。惩罚罪过不避让大臣,赏赐善行不遗忘匹夫。所以矫正君主的失误,责问臣民的过错,统一人民的行为,没有比法令更好的了。让官员严厉,在民众中有威信,废除荒淫懒惰的行为,制止奸诈与虚伪的风气,没有比刑罚更好的。刑罚加重,就不敢凭地位高去轻视地位低的人;法令严明,君主的尊严就不会受到侵害。君主的尊严不被侵害,君主就强大,就能进一步坚守法令之要义,因此先王十分看重这一法宝并传给继任的人。君主如果放弃法度而凭自己的私心处理事务,君主与臣子也就没什么区别了。

◎二　柄

【题解】

二柄即赏赐与杀戮两种权柄。全文论述了君主掌握赏罚大权的重要性,以及施行赏罚的依据。

【原文】

明主之所导制其臣者,二柄而已矣。二柄者,刑德也。何谓刑德?曰:杀戮之谓刑,庆赏之谓德①。为人臣者,畏诛罚而利庆赏,故人主自用其刑德,则群臣畏其威而归其利矣。故世之奸臣则不然,所恶,则能得之其主而罪之;所爱,则能得之其主而赏之。今人主非使赏罚之威利出于己也,听其臣而行其赏罚,则一国之人皆畏其臣而易其君,归其臣而去其君矣。此人主失刑德之患也。夫虎之所以能服狗者,爪牙也。使虎释其爪牙,而使狗用之,则虎反服于狗矣。人主者,以刑德制臣者也。今君人者释其刑德而使臣用之,则君反制于臣矣。故田常上请爵禄而行之群臣,下大斗斛而施于百姓,此简公失德而田常用之也②,故简公见弑。子罕谓宋君曰:"夫庆赏赐予者,民之所喜也,君自行之;杀戮刑罚者,民之所恶也,臣请当之。"于是宋君失刑而子罕用之,故宋君见劫。田常徒用德而简公弑,子罕徒用刑而宋君劫。故今世为人臣者,兼刑德而用之,则是世主之危甚于简公、宋君也。故劫杀拥蔽之主③,非失刑德而使臣用之而不危亡者④,则未尝有也。

①庆赏:奖赏。
②简公:即齐简公,春秋末年齐国君主,公元前484～前481年在位。
③拥蔽:堵塞、蒙蔽。拥,通"壅"。
④非:当作"并"。

贤明的君主用来指导、控制臣子的手段,就是两种权柄罢了。这两种权柄,就是刑与德。何为刑?何为德?回答说,杀戮就叫刑,奖赏就叫德。作为人臣,往往惧怕杀罚而贪图奖赏,因此君主若能独自使用刑罚和奖赏,那么群臣便会敬畏君主的威势而不去追逐私利了。可是世上的奸臣却不是这样,对于他所厌恶的人,奸臣能从君主那里得到惩罚的权力而加以处罚；对于他所喜欢的人，奸臣能从君主那里得到奖赏的权力而予以赏赐。如今君主不让赏赐和惩罚的权柄出于自己，而是听任臣下去施行赏罚，那么全国上下，都在敬畏那些施行赏罚的臣子而轻视君主，都会归顺臣子而远离君主了。这是君主放弃赏罚这两种权柄的后患。老虎之所以能够制服猎狗，靠的是它的爪牙。假使让老虎放弃它的爪牙不用而让狗去使用，那么老虎反而得服从狗。以此类推，作为君主，是凭借赏和罚这两种权柄来控制臣子的。如今君主放弃赏罚之权而让臣子去使用，那么君主也会反被臣子控制的。齐国的大臣田常在上层向国君请求爵禄再施给群臣，在下层则用加大斗斛的方法多给百姓粮食，所以齐简公失去赏赐的权柄而被大臣田常窃用，齐简公最终被杀死。宋国的大臣子罕对宋桓侯说："那奖赏赐予的事，是人们所喜欢的，您自己施行吧；而杀戮和刑罚的事，是人们所厌恶的，为臣我请求担当。"于是宋桓侯失去刑罚的权柄而为子罕所用，宋桓侯最终被劫杀。田常只用赏赐而齐简公被杀，子罕只用刑罚而宋桓侯被杀。如今世上的人臣，刑罚与赏赐兼而用之，这就说明世上的君主所面临的危险远远大于齐简公和宋桓侯了。因此，如今被劫持、被杀害、被隔绝、被蒙蔽的君主，同时失去赏罚之权柄，让大臣去使用，在这种情况下而不危险不灭亡的，是从来没有过的事。

【原文】

人主将欲禁奸，则审合刑名者①，言与事也。为人臣者陈其言，君以其言授之事，专以其事责其功。功当其事，事当其言，则赏；功不当其事，事不当其言，则罚。故群臣其言大而功小者，则罚，非罚小功也，罚功不当名也；群臣其言小而功大者，亦罚，非不说于大功也②，以为不当名也害甚于有大功，故罚。昔者韩昭侯醉而寝，典冠者见君之寒也③，故加衣于君之上。觉寝而说，问左右曰："谁加衣者？"左右答曰："典冠。"君因兼罪典衣④，杀典冠。其罪典衣，以为失其事也；其罪典冠，以为越其职也。非不恶寒也，以为侵官之害甚于寒。故明主之畜臣，臣不得越官而有功，不得陈言而不当。越官则死，不当则罪。守业其官，所言者贞也⑤，则群臣不得朋党相为矣。

①刑：通"形"，行为。
②说：通"悦"，高兴。
③典冠：替君主管理帽子的官员。
④典衣：替君主管理衣服的官员。
⑤贞：通"正"，正确。

君主想要禁止坏事的发生，首先得审察臣下的行动与名目是否相合；而要审察这一点，就得考察臣子的言论与行事。当人臣的陈述自己的主张，君主根据他的主张交给他要办的事情，专门用他所做的事要求相应的功效。功效与事情相当，事情与主张相当，就赏赐；功效与事情不相当，事情与主张不相当，就责罚。因此群臣若说了大话而功劳甚小，就要惩罚，不是惩罚功劳小，而是惩罚功效与言论不相当；群臣若许诺甚小而功效却很大，也要受惩罚，并不是国君不喜欢大的功效，而是由于实际所得与当初所许诺的不相当，这种名不副实的危害远远大于大的功效，因此要加以惩罚。从前韩昭侯喝醉之后睡着了，替君主管理帽子的官员看见韩昭侯寒冷，就给他加了一件衣服。韩昭侯睡醒之后很高兴，问左右侍从："谁给我加的衣服？"侍从回答："是负责管理帽子的人。"韩昭侯于是将负责管理衣服的官员治罪，并且杀死负责管理帽子的官员。治罪管理衣服的人，是由于他没有忠于职守；治罪管理帽子的人，是因为他超越了自己的权限。韩昭侯并不是不怕寒冷，而是认为超越权限的危害远远甚于寒冷。因此贤明的君主畜养大臣，要让大臣不得超越官职去建立功绩，不得陈述不得当的言辞。超越职权就治死罪，陈言不当就受惩罚。什么职位的官员就坚守什么职责，所有官员的言谈都正确无误，如此一来，大臣就不会结党营私、胡作非为了。

人主有二患：任贤，则臣将乘于贤以劫其君①；妄举，则事沮不胜②。故人主好贤，则群臣饰行以要君欲，则是群臣之情不效③。群臣之情不效，则人主无以异其臣矣。故越王好勇，而民多轻死；楚灵王好细腰，而国中多饿人；齐桓公妒而好内④，故竖刀自宫以治内⑤；桓公好味，易牙蒸其子首而进之；燕子哙好贤，故子之明不受国。故君见恶⑥，则群臣匿端；君见好，则群臣诬能。人主见欲，则群臣之情态得其资矣⑦。故子之托于贤以夺其君者也，竖刀、易牙因君之欲以侵其君者也。其卒⑧，子哙以乱死，桓公虫流出户而不葬。此其故何也？人君以情借臣之患也。人臣之情，非必能爱其君也，为重利之故也。今人主不掩其情，不匿其端，而使人臣有缘以侵其主，则群臣为子之、田常不难矣。故曰："去好去恶，群臣见素。"群臣见素，则大君不蔽矣。

①劫：胁迫，威胁。
②沮：毁坏，败坏。

③效：显示。
④好内：喜欢女色。
⑤竖刁：春秋时齐桓公的近臣，官为寺人。　自宫：自己割掉生殖器。
⑥见：通"现"，表现。
⑦资：凭借。
⑧卒：最终。

译文

做君主的往往有两种祸患：假如任用贤能的人，那么臣子就会利用贤能之名趁机胁迫君主；假如随意任用人才，那么事情就会败坏，难以成功。因此君主若喜欢贤能的人，那么群臣就会极力装饰自己的行为来满足君主的要求，如此一来，群臣的实际情形便显示不出来。群臣的实际情形难以显示，那么君主便无法判定臣子究竟是好还是坏。所以，越王勾践喜欢勇敢的人，国内的人民大多轻视死亡；楚灵王喜欢细腰的美女，国内多有为了腰细而忍饥挨饿的人；齐桓公嫉妒成性而喜好女色，竖刁便自己割掉生殖器去内宫中服务；齐桓公喜好美味，易牙就将自己儿子的头蒸熟进献给他；燕王子哙喜欢贤能之名准备让贤，燕国大臣子之表面上就假装不接受王位。所以，君主若表现出讨厌什么，群臣就将这方面的事隐蔽起来；君主若表现出喜好什么，那么群臣就会夸大其词，硬说自己具备这方面的才能。君主表现出他的欲望，那么群臣的各种情态便会找到表现的机会。所以子之依托子哙的爱好贤名而夺取了燕国的王位，竖刁、易牙顺从了君主的欲望从而侵害他们的君主。其最终的结果是，燕王子哙因战乱而死，齐桓公死后尸体腐烂，蛆虫都爬出门户之外了都得不到安葬。其中的原因是什么呢？这是君主将他的真情流露给大臣所造成的祸患啊。大臣从本心讲，不一定是真的爱他的君主，而是为了丰厚的利益，装出忠爱君主的模样。如今君主不掩饰自己的真情，不隐藏要做的事，致使大臣有机会侵害君主，那么群臣中有人变成田常、子之这样的人，是非常容易的。因此说："君主将自己所喜好的和所讨厌的隐藏起来，群臣便会将他们的真实面目表现出来。"群臣的真情表现出来，那么君主就不会被蒙蔽了。

◎ 孤 愤

孤愤即耿直孤行,愤世嫉俗。韩非有感于孤直不容于时,愤然成篇。文中反映了当时严酷的政治现实,描述了法术之士的艰难处境,对于我们了解当时的社会情况具有极大的价值。

智术之士,必远见而明察,不明察不能烛私①;能法之士,必强毅而劲直,不劲直不能矫奸②。人臣循令而从事,案法而治官,非谓重人也。重人也者,无令而擅为,亏法以利私,耗国以便家,力能得其君,此所为重人也。智术之士,明察听用,且烛重人之阴情;能法之士,劲直听用,且矫重人之奸行。故智术能法之士用,则贵重之臣必在绳之外矣③。是智法之士与当涂之人④,不可两存之仇也。当涂之人擅事要,则外内为之用矣。是以诸侯不因,则事不应,故敌国为之讼⑤;百官不因,则业不进,故群臣为之用;郎中不因,则不得近主,故左右为之匿;学士不因,则养禄薄礼卑,故学士为之谈也。此四助者,邪臣之所以自饰也。重人不能忠主而进其仇,人主不能越四助而烛察其臣,故人主愈弊而大臣愈重⑥。

①烛:照亮、洞察。
②矫奸:纠正奸邪。
③绳之外:指法律的准绳之外,应被去除的。
④当涂:即"当途",指地位重要的当权者。
⑤讼:说好话。
⑥弊:同"蔽",蒙蔽。

懂得治国方略的人,一定有远见且能明察秋毫,因为不明察就不能洞见隐蔽之事;能够执行法令的人,一定强毅劲直,因为不劲直就不能纠正奸邪之事。大臣遵循君主的命令办事,依照法律治理下属,不是我所说的权重之人。我所说的权重之人,没有君令而擅自作为,破坏法律以牟取私利,耗损国家的财产来方便自家的私利，势力可以控制君主，这就是我所说的权重之人。懂得治国方略的人，明察一切，见解会被君主采纳，而且能够洞察权重之人的阴谋；执行法令的人，强劲耿直，意见会被君主听取，而且能够纠正权重之人的奸行。所以懂得治国方略和执行法令的人被君主重用，那么权重之人必定会被削除。因此说，智术能法之士与当权者是势不两立、不可共存的仇敌。当权者如果独揽大权，那么国内国外都会被他利用。外国的诸侯若不依靠他，那么事情就办不成，因此敌国的人会为他说好话；百官若不依靠他，那么他们的业绩就不会被君主知道，因此群臣都会替他干事；君主身旁的郎中若不依附他，那么他们就不能够亲近君主，因此君主左右的人都为当权者隐瞒实情；学士若不依附他，那么就会俸禄微薄，待遇低下，因此学士为他延誉。上面这四种人，都是奸邪之臣用来掩饰自己的工具。权重之人不忠于君主，因而不会将他所仇视的智术能法之士推荐给君主，君主也不能够越过以上所说的四种帮凶了解他的大臣，因此君主越来越被蒙蔽而当权的大臣则越来越权重。

凡当涂者之于人主也，希不信爱也，又且习故。若夫即主心，同乎好恶，固其所自进也。官爵贵重，朋党又众，而一国为之讼。则法术之士欲干上者，非有所信爱之亲，习故之泽也，又将以法术之言，矫人主阿辟之心，是与人主相反也。处势卑贱，无党孤特。夫以疏远与信爱争，其数不胜也①；以新旅与习故争，其数不胜也；以反主意与同好争，其数不胜也；以轻贱与贵重争，其数不胜也；以一口与一国争，其数不胜也。法术之士，操五不胜之势，以岁数而又不得见；当涂之人，乘五胜之资，而旦暮独说于前。故法术之士奚道得进，而人主奚时得悟乎？故资必不胜而势不两存，法术之士焉得不危？其可以罪过诬者，以公法而诛之；其不可被以罪过者，以私剑而穷之。是明法术而逆主上者，不僇于吏诛②，必死于私剑矣。朋党比周以弊主，言曲以便私者，必信于重人矣。故其可以功伐借者③，以官爵贵之；其不可借以美名者，以外权重之。是以弊主上而趋于私门者，不显于官爵，必重于外权矣。今人主不合参验而行诛，不待见功而爵禄，故法术之士安能蒙死亡而进其说？奸邪之臣安肯乘利而退其身？故主上愈卑，私门益尊。

①数：情理，规律。
②僇：通"戮"，杀戮。

③借:借口。

译文

凡是当权的人,在君主那里很少不被信任、宠爱,而且与君主相互之间很熟悉。至于讨君主的欢心,以君主的好恶为好恶,本来就能使他们进一步为君主所任用。他们官位大,爵禄重,党羽又多,全国上下都在为他们说好话。那么推行法制的人想干涉君主的事务,没有被信任被宠爱的亲近关系,没有往昔故旧之间的恩泽,况且又将用法制的学说,纠正君主偏袒邪恶的想法,这是与君主的心意正好相反的。推行法制的人,处境卑下,地位低贱,没有党派,孤孤单单。凭与君主的疏远关系去与被君主信任、宠爱的人相争,从情理上讲不可能取胜;凭自己新来者的身份去与君主的老相识相争,从情理上讲不可能取胜;凭自己将要违反君主的心意去与投合君主的好恶者相争,从情理上讲不可能取胜;凭自己卑微低贱的身份去与权重位尊的人相争,从情理上讲不可能取胜;凭自己的一张嘴去与众口一词地称誉当权者的全国之人相争,从情理上讲不可能取胜。推行法制的人,处于五种不可能取胜的形势下,加之一年半载都不得与君主相见;当权的人,凭借这五种可以取胜的条件,又从早到晚地在君主跟前说长道短。在这种情形下,推行法制的人什么时候能被重用?而君主什么时候才能醒悟?因此说,自己所拥有的条件不可取胜,又与当权者势不两立,推行法制的人哪能不危险?权重之人倘若可以罗织罪名将他们诬陷,就用国家的法令诛杀他们;不能强加罪名的,就派刺客追杀他们。这样,推行法术却与君主的意愿相违背的人,即使不被官吏杀戮,也一定会死于剑客之手。而那些朋比为奸、结党成羽去蒙蔽君主,歪曲事实以便于获取私利的人,一定会被权重之人信任。他们当中若有功劳可作为借口的,就能得到官位爵禄,享受富贵;若有好的名声可作为借口的,就凭别国诸侯的颂扬抬高他们的身价。因此,那些蒙蔽君主而依附奔走于权贵之家的人,即使不因官位爵禄而显贵,也必定会因为诸侯的颂扬而被重用。如今,君主不进行实地的考察就施行诛杀,不等待建功立业就授之以爵禄,推行法制的人哪能冒着死亡的危险去向君主进献他们的言论?奸邪之徒又哪肯在名利双收的情形下洗手引退呢?因此说,君主的名望越来越低,而权贵者的私门却越来越尊贵。

原文

夫越虽国富兵强,中国之主,皆知无益于己也,曰:"非吾所得制也。"今有国者,虽地广人众,然而人主壅蔽,大臣专权,是国为越也。智不类越①,而不智不类其国,不察其类者也。人之所以谓齐亡者,非地与城亡也,吕氏弗制而田氏用之;所以谓晋亡者,亦非地与城亡也,姬氏不制而六卿专之也②。今大臣执柄独断,而上弗知收,是人主不明也。与死人同病者,不可生也;与亡国同事者,不可存也。今袭迹于齐、晋,欲国安存,不可得也。

①智：通"知"，知道。
②六卿：指晋国的六大家族，即魏、赵、范、中行(háng)、韩、智。

地处偏僻的越国，虽然国家富足，兵力强大，可是中原各国的君主，都知道越国的强大和自己没有关系，也无益于自己。他们解释其中的缘由，说："这不是我所能控制的国家。"如今拥有自己国家的各个诸侯，虽然地域广大，人民众多，可是君主被蒙蔽，大臣独断专权，实际上这样的国家已像越国一样偏远了。君主只知道自己的国家不像越国那样遥不可及，而不知道如今的国家被大臣专权，已不像从前，这是因为没有觉察出自己的国家与越国相类似的地方。人们之所以说齐国已灭亡，不是指土地与城池的丧失，是指吕氏不能控制国家，而为田氏所取代；人们之所以说晋国已灭亡，也不是指土地与城池的丧失，而是指姬氏不能控制国家，而为魏、赵、范、中行、韩、智等六大家族专权。现在大臣们执掌权柄，独断专行，而君主却不知道收回权力，这是君主不明智的做法。与死人患有相同病症的人，是不可能活下去的；与灭亡的国家有相同情形的国家，是不可能存在的。现在重蹈齐国和晋国的覆辙，却想让国家不灭亡，这是不可能的。

凡法术之难行也，不独万乘①，千乘亦然。人主之左右，不必智也，人主于人有所智而听之，因与左右论其言，是与愚人论智也；人主之左右，不必贤也，人主于人有所贤而礼之，因与左右论其行，是与不肖论贤也。智者决策于愚人，贤士程行于不肖②，则贤智之士羞，而人主之论悖矣。人臣之欲得官者，其修士且以精洁固身，其智士且以治辩进业③。其修士不能以货赂事人，恃其精洁，而更不能以枉法为治。则修智之士，不事左右，不听请谒矣。人主之左右，行非伯夷也，求索不得，货赂不至，则精辩之功息，而毁诬之言起矣。治辩之功制于近习，精洁之行决于毁誉，则修智之吏废，而人主之明塞矣。不以功伐决智行，不以参伍审罪过④，而听左右近习之言，则无能之士在廷，而愚污之吏处官矣。

①万乘(shèng)：指拥有万辆兵车的大国。古代一车四匹马为一乘。
②程：显示。

③治辩:做事分明。辩,通"辨",分辨。
④参伍:反复验证。参,比较检验;伍,偶尔巧合。

但凡推行法制的主张,是很难实行的,不光是拥有万乘兵车的大国如此,拥有千乘兵马的小国也是如此。君主身边的近臣,不一定都是聪明的人,君主对于某个人的明智之见有所听从,断不了要与身边的人议论这个人的主张,这等于是与愚蠢的人讨论才智之士;君主身边的近臣,不一定都是贤明的人,君主对于某个人的贤明很欣赏,于是加以礼待,同时断不了要与身边的人讨论这个人的品行,这就等于是与不太贤明的人讨论贤明的人。明智者的计谋由愚蠢的人来决断,贤明者的品行向不贤明的人显示,那么贤智的人深感羞耻,而君主所得出的论断也一定是荒谬的。大臣中想要得到官位的人,修养高的将凭借进一步的廉洁自律稳固自身的名望,智慧高的将凭借进一步提高工作能力而创建功业。修养高、智慧高的人,自恃其廉洁自律,不可能用财物贿赂当权的人,更不可能违反公法去行事。那么,修养高的和智慧高的人,也不会去巴结君主身边的人,不会接受私人的请托和拜谒。而君主身边的人,其品行根本不是伯夷一样的品行,索求不到实惠,收不到贿赂,那么有修养、有智慧之士的廉洁和工作才能将前功尽弃,而诋毁、诬蔑他们的言论却产生了。治国之士的功业受制于君主左右的人,廉洁自律者的品行被诋毁诬蔑者裁决,这样一来,修养高、智慧高的官吏便逐渐被废除,而君主的明见之路也被堵塞了。不依照功劳业绩裁决智慧和品行,不经过反复检验就审定罪责,而是听从身边熟悉的近臣的意见,如此一来,朝廷中尽是些无能之辈,官位上尽是些愚蠢、贪污之徒。

原文

万乘之患,大臣太重;千乘之患,左右太信。此人主之所公患也①。且人臣有大罪,人主有大失,臣主之利相与异者也。何以明之哉?曰:主利在有能而任官,臣利在无能而得事;主利在有劳而爵禄,臣利在无功而富贵;主利在豪杰使能,臣利在朋党用私。是以国地削而私家富,主上卑而大臣重。故主失势而臣得国,主更称蕃臣,而相室剖符②。此人臣之所以谲主便私也③。故当世之重臣,主变势而得固宠者,十无二三。是其故何也?人臣之罪大也。臣有大罪者,其行欺主也,其罪当死亡也。智士者远见而畏于死亡,必不从重人矣;贤士者修廉而羞与奸臣欺其主,必不从重臣矣。是当涂者之徒属,非愚而不知患者,必污而不避奸者也。大臣挟愚污之人,上与之欺主,下与之收利,朋党侵渔,比周相与,一口惑主败法,以乱士民,使国家危削,主上劳辱,此大罪也。臣有大罪而主弗禁，此大失也。使其主有大失于上，臣有大罪于下，索国之不亡者，不可得也。

①公：同"共"。
②剖符：古代帝王分封诸侯或功臣时，将符节一剖为二，封者和受封者各执一半，以为凭证。
③谲(jué)：欺诳。

　　拥有万辆兵车的大国的祸患，在于大臣的权势太重；拥有千辆兵车的小国的祸患，在于君主太宠信身边的人。这是作为君主的共同忧患。况且大臣有大的罪过，是由于君主有大的失误，臣子与君主的利益是相互对立的。凭什么说明这一点呢？回答说，君主的利益在于任命有才能的人做官，大臣的利益在于没有才能也能得到职位；君主的利益在于有功劳才授予爵位与俸禄，大臣的利益在于没有功劳也能得到富贵；君主的利益在于重用有才能的豪杰之士，大臣的利益在于朋比为党，牟取私利。因此国力被削弱而大臣却发财了，君主的权势丧失了，大臣的权势却加重了。君主失去权势而大臣得到国家大权，君主反而向大臣称臣，掌权的大臣竟然剖分符节，授人以官，发号施令。这就是大臣欺诳君主、图谋私利的原因。因此当代的权重之臣，君主换代之后仍能得宠的，十个人中没有两三个。这是什么缘故呢？是因为他们的罪过太大了。臣子的最大罪过，是欺骗自己的君主，这种罪行应当处死。有智慧的人有远见又惧怕死亡，一定不依附跟从权重之人；贤明的人修身养廉，羞于与奸臣一道欺骗君主，也必定不依附跟从权重之人。如此说来，当权者的随从，不是愚蠢的不知道将来祸患的人，就一定是贪污的、不躲避作恶的亡命之徒。大臣扶植一帮愚蠢的、贪污的人，在上共同欺骗君主，在下共同牟取利益，掠夺百姓财产，犹如渔人捕鱼，相互结成死党，众口一词迷惑君主，败坏法令，来扰乱普通百姓，致使国家处于危险、被削弱的地步，君主烦劳而受屈辱，这是权重之人的最大罪过。大臣有大罪过而君主不能加以禁止，这是君主的重大失误。君主在上面有大的失误，大臣在下面有大的罪过，还力求国家不灭亡，那是不可能的。

◎ 说 难

说(shuì)难，即向人游说的难处。全文论述了向君主进行游说的困难，不仅分析了成功与失败的各种原因，而且有针对性地提出了使游说成功的方式方法。

【原文】

凡说之难：非吾知之有以说之之难也，又非吾辩之能明吾意之难也，又非吾敢横失而能尽之难也①。凡说之难：在知所说之心，可以吾说当之②。

所说出于为名高者也，而说之以厚利，则见下节而遇卑贱，必弃远矣。所说出于厚利者也，而说之以名高，则见无心而远事情，必不收矣。所说阴为厚利而显为名高者也，而说之以名高，则阳收其身而实疏之；说之以厚利，则阴用其言显弃其身矣。此不可不察也。

【注释】

①失：通"佚"，放肆。
②当：迎合。

【译文】

但凡游说的困难，并非指我能否了解事理进而拥有说服君主的论据这样的困难，也并非指我的辩辞能否表明我的观点的困难，也并非指我敢不敢畅所欲言地将所有的话都讲出来的困难。但凡游说的困难，在于了解我所游说的君主的心理，再想方设法用我的言辞去迎合他的心理。

若所游说的君主是追求高尚名声的人，然而你却用丰厚的利益去劝说，那么你就会被认为是节操低下的人，从而会得到卑贱的待遇，最终也必定会被抛弃和疏远。若所游说的君主是贪求丰厚利益的人，然而你却用高尚的名声去劝说，那么你就会被认为是头脑简单而且脱离实际，你的主张必定不会被采纳。若所游说的君主心里想的是丰厚的利益而表面上却贪求高尚的名声，你用高尚的名声劝说他，他便会表面上收留你而实际上再慢慢疏远你；你用丰厚的利益去劝说他，他便会暗中采纳你的意见而表面上抛弃你。这种种情形，都不可不明察啊。

原文

夫事以密成，语以泄败。未必其身泄之也，而语及所匿之事，如此者身危。彼显有所出事，而乃以成他故，说者不徒知所出而已矣，又知其所以为，如此者身危。规异事而当，知者揣之外而得之，事泄于外，必以为己也，如此者身危。周泽未渥也①，而语极知，说行而有功，则德忘②；说不行而有败，则见疑，如此者身危。贵人有过端，而说者明言礼义以挑其恶，如此者身危。贵人或得计而欲自以为功，说者与知焉③，如此者身危。强以其所不能为，止以其所不能已，如此者身危。故与之论大人，则以为间己矣；与之论细人，则以为卖重。论其所爱，则以为藉资；论其所憎，则以为尝己也。径省其说，则以为不智而拙之；米盐博辩，则以为多而交之④。略事陈意，则曰怯懦而不尽；虑事广肆，则曰草野而倨侮。此说之难，不可不知也。

注释

①周泽：恩宠，恩泽。
②德：指应得的奖赏。
③与(yù)：参与。
④交：交杂，杂乱。

译文

事情由于秘密而获得成功，说话由于泄密而遭到失败。未必是游说者自己泄露秘密，而只是在无意之间谈及君主要保密的事情，在此情形下，游说者的生命便危险了。那君主表面上做了一件事，但做这件事是为了办其他的事，游说的人不仅知道他所做的这件事，而且还知道他做这件事的目的在于办成其他的事，在此情形下，游说者的生命便危险了。游说者为君主谋划特殊的事情而令君主满意，有智商高的人在外面猜测这件事并猜准了，于是事情也就泄露到外面去了，君主一定以为是游说者干的，在此情形下，游说者的生命便危险了。游说者还没有完全享受到君主的恩泽，可是却将所知道的都讲出来，若意见被采纳并且有功效，那么他应得到的赏赐将会被君主忘记；若他的意见不被采纳并且事情失败，那么就会被君主怀疑，在此情形下，游说者的生命便危险了。地位尊贵的君主若有什么缺点，可是游说者却坦率地用礼义来指明他的缺点，在此情形下，游说者的生命便危险了。尊贵的君主有时谋划成功而且想将功劳据为己有，可游说者却参与并且了解整个过程，在此情形下，游说者的生命便危险了。勉强让君主干他不能干的事，阻止他做不能停止的事，在此情形下，游说者的生命便危险了。所以，如果与君主谈论朝中大臣，他会认为游说者是在施行离间计；与君主谈论他身边的侍从，他会认为游说者想靠他们卖弄自己。与君主谈论他所宠爱的人，君主会认为游说者想把他们作为靠山；与君主谈论他所憎恨的人，他会以为游说者是在试探自己。游说者若简略地将观点表明，君主会认为他不聪明，将游说者当作笨拙之人看待；游说者若像道家常一样将类似柴米油盐等小事都加以议论，君主会认为他说得太繁多、太杂乱。若简单地陈述大意，君主会说游说者胆小怕事且没有把话说完；若游说者考虑事情有广度和深度，论述得头头是道，君主又会说他太放肆、太傲慢。这种种游说的难处，都不可不知啊。

凡说之务，在知饰所说之所矜而灭其所耻。彼有私急也，必以公义示而强之①。其意有下也，然而不能已，说者因为之饰其美而少其不为也。其心有高也，而实不能及，说者为之举其过而见其恶，而多其不行也。有欲矜以智能，则为之举异事之同类者，多为之地②，使之资说于我，而佯不知也以资其智。欲内相存之言，则必以美名明之，而微见其合于私利也。欲陈危害之事，则显其毁诽，而微见其合于私患也。誉异人与同行者，规异事与同计者。有与同污者，则必以大饰其无伤也；有与同败者，则必以明饰其无失也。彼自多其力，则毋以其难概之也；自勇之断，则无以其谪怒之③；自智其计，则毋以其败穷之。大意无所拂悟④，辞言无所击摩⑤，然后极骋智辩焉。此道所得，亲近不疑而得尽辞也。

①强（qiǎng）：劝勉。
②地：依据，依凭。
③谪（zhé）：过失。
④拂悟：违逆，抵触。
⑤击摩：摩擦。

但凡游说的要点，在于知道如何美化君主自以为得意的地方而设法掩饰他认为可耻的地方。君主有他内心急于达到的要求，这要求未必合乎国家的利益，可游说者一定要用合乎国家利益的观点看待并且劝勉他去做。君主心里有不健康的念头，但却不能自我抑制，游说者就该替他把这个念头粉饰成美好的念头，进而嫌他不去做。君主心中有过高的追求，而实际上却不可能达到，游说的人就该替君主找出这种追求的缺点，揭示出这种追求的坏处，并进而对君主不去做的行为进行赞扬。有的君主想炫耀、卖弄自己的智慧和才能，游说的人就为他举出其他同类的事情，多为他提供依据，使他可从"我"这里得到谈论的资料，但"我"却假装不知道曾经资助过他的智慧。游说的人想要阐明保全君主的话，必须用符合国家利益的美名阐发，同时再暗中点明它也是符合君主个人私利的。游说的人想要陈述对君主有危害的事，就得说明这种事的后果和将要遭受的诋毁和诽谤，同时又暗中点明它与君主的个人祸患是相互联系的。游说的人应该赞扬与君主有同样品行的人，应该谋划与君主所做的事有同等计策的其他事。遇到与君主具有同样污点的人，那么一定得极力粉饰这个污点无伤大雅；遇到与君主遭受同样挫折的人，那么必须很明确地粉饰这样的挫折算不上损失。君主如果自恃他力量强大，那就别用他难以办到的事让他难堪；君主如果自以为他的决断很勇敢，那就别用他决断中的小失误惹他生气；君主如果自认为他的计谋很高明，那就别用曾经的失败让他无地自容。游说的基本内容不与君主的思想相抵触，游说时的言辞不与君主有摩擦，然后就可以尽情施展自己的智慧和辩才了。采用这种方式的结果是，君主与自己亲近而不再怀疑，进而能够将想要说的话全部讲完。

【原文】

　　伊尹为宰，百里奚为虏，皆所以干其上也。此二人者，皆圣人也；然犹不能无役身以进，如此其污也！今以吾言为宰虏，而可以听用而振世，此非能仕之所耻也。夫旷日离久，而周泽既渥，深计而不疑，引争而不罪，则明割利害以致其功，直指是非以饰其身，以此相持，此说之成也。

　　昔者郑武公欲伐胡，故先以其女妻胡君以娱其意。因问于群臣："吾欲用兵，谁可伐者？"大夫关其思对曰："胡可伐。"武公怒而戮之，曰："胡，兄弟之国也①。子言伐之，何也？"胡君闻之，以郑为亲己，遂不备郑。郑人袭胡，取之。宋有富人，天雨墙坏。其子曰："不筑，必将有盗。"其邻人之父亦云。暮而果大亡其财。其家甚智其子，而疑邻人之父。此二人说者皆当矣，厚者为戮，薄者见疑，则非知之难也，处之则难也。故绕朝之言当矣②，其为圣人于晋，而为戮于秦也，此不可不察。

①兄弟之国：指有婚姻关系的邦国。
②绕朝：春秋时秦国大夫。

　　伊尹曾当厨师，百里奚曾当奴隶，其目的是求得君主的重用。这两个人，都是圣明的贤人，可是仍然不能免于通过让自己成为被人役使的人进而获得任用，他们竟是如此的卑鄙！现在即使将我的话当成厨师或奴隶的话，只要能够被采纳，能够拯救时世，那么绝不是令有才能的人感到耻辱的事。游说的人花费了好长的时间，君主对他的恩宠已很多了，他进一步替君主谋划已不再被怀疑，引起争论也不再被责罚，那么就可以明明白白地分析事情的利害，从而成就君主的功业，直接指出是非曲直来端正君主的品行，如果与君主能够如此相待，便是游说的成功。

从前郑武公想要攻打胡国，故意先将女儿嫁给胡国的国君，使他心中高兴。接着又问群臣："我想用兵打仗，谁是可以攻伐的对象？"大夫关其思回答道："胡国可以攻伐。"郑武公非常生气地将关其思杀掉，说："胡国是与我们联姻的国家，你却建议去攻伐，为什么呢？"胡国国君听说后，认为郑国与自己相亲相爱，于是不再防备郑国。结果郑国人偷袭胡国，夺取了它的土地。宋国有个富有的人，天下雨将墙冲塌了。他的儿子说："如果不修补，一定会有盗贼前来。"他邻居家中的一个老翁也这么说。夜里果然丢失了很多钱财。这一家人认为他的儿子很明智，但同时又怀疑邻居家的老者。关其思和邻居家的老者所说都符合实际，可是重的被杀戮，轻的被怀疑，那么就表明不是认识事物有难度，而是处理这种认识有难度。所以绕朝劝诫秦康公的话是恰当的，他在晋国被认为是十分明智的人，可在秦国却被杀掉了，这些情形都不能不明察啊。

原文

昔者弥子瑕有宠于卫君。卫国之法：窃驾君车者罪刖。弥子瑕母病，人闻往夜告弥子①，弥子矫驾君车以出。君闻而贤之，曰："孝哉！为母之故，忘其刖罪。"异日，与君游于果园，食桃而甘，不尽，以其半啖君②。君曰："爱我哉！忘其口味以啖寡人③。"及弥子色衰爱弛，得罪于君，君曰："是固尝矫驾吾车，又尝啖我以馀桃。"故弥子之行未变于初也，而以前之所以见贤而后获罪者，爱憎之变也。故有爱于主，则智当而加亲；有憎于主，则智不当见罪而加疏。故谏说谈论之士，不可不察爱憎之主而后说焉。

夫龙之为虫也④，柔可狎而骑也；然其喉下有逆鳞径尺，若人有婴之者⑤，则必杀人。人主亦有逆鳞，说者能无婴人主之逆鳞，则几矣⑥。

①闻：听说。
②啖(dàn)君：给卫灵公吃。
③口味：指嘴边的美味食物。

④虫：古代对动物的泛称。
⑤婴：通"撄"，触摸。
⑥几：庶几，差不多。

译文

　　从前弥子瑕被卫灵公所宠爱。卫国的法律规定，偷偷驾御国君的车，将处以断脚的刑罚。弥子瑕的母亲病重，有人便将这一消息连夜告知弥子瑕，于是弥子瑕便假托君命驾起国君的车出宫回家。卫灵公听说后，认为他有德行，说："弥子瑕真孝顺啊！为了母亲，竟然忘记了砍断脚的刑罚。"又有一天，弥子瑕与卫灵公在果园中游玩，吃到一只桃子，觉得十分甘甜，就不舍得吃完，将剩下的一半送给卫灵公吃。卫灵公说："他真爱我啊！竟然留下自己嘴边的美味让我吃。"可是等到弥子瑕年老色衰，不被君主宠爱时，得罪了卫灵公，卫灵公就说："这个人本来就曾假托我的命令使用我的车驾，又曾经给我吃他吃剩的桃子。"因此说，弥子瑕的行为跟当初一模一样，并未改变，可是先前被君主称赞，后来却又被君主治罪，那是因为君主对他的爱憎发生了变化。所以臣子若能得到君主的宠爱，那么他的智谋就会被认为是恰当的，君臣关系也会更加密切；臣子若被君主憎恶，那么他的智谋就会被认为是不恰当的，可招来罪名，使君臣关系更加疏远。因此说凡是向君主提出劝谏、谈论是非的人士，不可以不审察君主对自己是爱还是憎，然后才可以依据实情加以游说。

　　龙作为一种动物，在它驯服之时，可以随便戏弄它并且骑上它；可是它的喉部下面倒长着一尺左右的鳞片，如果有人胆敢触摸这鳞片，那么龙必定会把此人弄死。君主也有倒长的鳞片，游说的人如果能够不去触动君主那倒长的鳞片，那么就差不多是个成功的游说者了。

◎ 和 氏

题解

"和氏"即春秋时期楚国人卞和。作者通过和氏献璞而遭刖刑的故事,阐述了法术之士的不幸遭遇和处境,倾诉了他们怀才不遇、不被认可的苦恼和愤懑。

原文

楚人和氏得玉璞楚山中,奉而献之厉王。厉王使玉人相之,玉人曰:"石也。"王以和为诳①,而刖其左足②。及厉王薨,武王即位。和又奉其璞而献之武王。武王使玉人相之,又曰:"石也。"王又以和为诳,而刖其右足。武王薨③,文王即位。和乃抱其璞而哭于楚山之下,三日三夜,泪尽而继之以血。王闻之,使人问其故,曰:"天下之刖者多矣,子奚哭之悲也?"和曰:"吾非悲刖也,悲夫宝玉而题之以石,贞士而名之以诳,此吾所以悲也。"王乃使玉人理其璞而得宝焉,遂命曰"和氏之璧"。

注释

①诳(kuáng):欺骗。
②刖(yuè):古代一种酷刑,砍断脚。
③薨(hōng):诸侯之死叫薨。

译文

楚国人卞和在楚山之中得到一块尚未理磨的玉石,捧着这块玉石献给楚厉王。楚厉王派一位专门打理玉石的工匠加以鉴定,工匠说:"是一块石头。"楚厉王认定卞和是在欺骗自己,于是就砍掉了卞和的左脚。等楚厉王去世之后,楚武王即位。卞和又手捧玉石献给楚武王。楚武王也派玉匠鉴定玉石,这个玉匠又是那句话:"是一块石头。"楚武王又认定卞和是在欺骗自己,于是就砍掉了卞和的右脚。楚武王去世之后,楚文王即位。卞和便抱着玉石在楚山之下痛哭,哭了三天三夜,眼泪都流干了,最后流出血来。楚文王听说此事之后,派人询问其中的原因,并说:"天底下因犯罪而被砍掉脚的人很多很多,你为什么哭得如此伤心?"卞和回答道:"我并非因为被砍掉脚而悲伤,我悲伤的是明明是宝玉却被说成是石头,明明是忠贞之士却被冠以欺骗的罪名,这才是我悲伤的真正原因啊!"楚文王于是让一个玉匠打理雕琢那块玉石,果然得到了宝玉,于是将这块宝玉命名为"和氏之璧"。

夫珠玉,人主之所急也。和虽献璞而未美,未为主之害也,然犹两足斩而宝乃论,论宝若此其难也!今人主之于法术也,未必和璧之急也,而禁群臣士民之私邪。然则有道者之不僇也①,特帝王之璞未献耳②。主用术,则大臣不得擅断,近习不敢卖重③;官行法,则浮萌趋于耕农④,而游士危于战陈⑤。则法术者,乃群臣士民之所祸也。人主非能倍大臣之议⑥,越民萌之诽,独周乎道言也⑦,则法术之士虽至死亡,道必不论矣⑧。

①僇:通"戮",杀戮。
②特:只是。
③卖重:这里指专权独断。
④浮萌:即游民。萌,同"氓"。
⑤战陈(zhèn):即战阵,作战的阵地。
⑥倍:通"背",违背。
⑦周:相合。
⑧道:指法术之士的学说。

那珍珠宝玉,是君主们急迫地追求的东西。卞和所献的玉石虽然还不够完美无缺,但也不至于成为君主的祸害啊,可是仍然等到两只脚都被砍掉之后,宝玉才被论定,鉴定宝玉竟是如此的困难啊!如今君主们对于法术,未必像追求和氏之璧那样迫切,而法术还要禁止群臣士民的自私和邪念,所以必将受到更多的磨难。可是有道之士尚未被杀戮,只不过是法术这一成就帝王之业的法宝尚未进献而已。君主使用法术,那么大臣就不可以独断专行,左右近臣也不敢专权;国家实行了法术,那么游民必须奔赴农业生产的第一线,游侠之士也必须走向充满危险的作战阵地。这样看来,法术之士简直就是群臣士民的罪魁祸首了。君主倘若不能够违背大臣的议论,不顾民众的诽谤,独自让思想行为与法术之士的主张相符合,那么法术之士即便到死,他们的学说也必定不会被认可。

昔者吴起教楚悼王以楚国之俗,曰:"大臣太重,封君太众。若此,则上逼主而下虐民,此贫国弱兵之道也。不如使封君之子孙三世而收爵禄,绝灭百吏之禄秩①,损不急之枝官,以奉选练之士。"悼王行之期年而薨矣,吴起肢解于楚。商君教秦孝公以连什伍②,设告坐之过③,燔《诗》、《书》而明法令,塞私门之请而遂公家之劳,禁游宦之民而显耕战之士。孝公行之,主以尊安,国以富强,八年而薨④,商君车裂于秦。楚不用吴起而削乱,秦行商君法而富强。二子之言也已当矣,然而肢解吴起而车裂商君者,何也?大臣苦法而细民恶治也。当今之世,大臣贪重,细民安乱,甚于秦、楚之俗,而人主无悼王、孝公之听,则法术之士,安能蒙二子之危也而明己之法术哉?此世所以乱无霸王也。

①绝灭:当作"裁减"(顾广圻说)。
②什伍:指十家为一什,五家为一伍的联保组织。
③告坐:指建立联保组织后,其中一人犯罪而其他人若不告发,也要连带受罚。
④八年:依据史料,当作十八年。

从前吴起就楚国的习俗开导楚悼王,说:"大臣们的权力太重,有封邑的贵族太多。这样下去,则在上会威逼君主,在下会虐待民众,这是使国家贫困、使军队削弱的原因。倒不如采取让有封邑的贵族只传三代子孙,然后收回他们的爵禄,裁减百官群臣的俸禄,取消无关紧要的官职,用省下的钱供养选拔上来的士卒。"楚悼王实行这一措施一周年而去世,于是吴起在楚国受到肢解身体的酷刑。商鞅曾教秦孝公建立十家为一什,五家为一伍的联保组织,制定一人犯罪而其他人不告发会受株连的法令,焚烧《诗》、《书》等典籍而明确法令,堵塞人和人之间的请托之风而畅通为国家效力的门路,贬低那些靠游走而取得官位者的地位,彰显耕种和作战之士的地位。秦孝公推行这一措施,君主尊贵而安逸,国家富足强盛,可是推行十八年之后,秦孝公去世,结果商鞅在秦国被车裂而死。楚国不用吴起的建议而日益削弱混乱,秦国采取商鞅的措施而富足强大。二位先生的主张已经被证明是正确无误的,可是吴起被肢解而商鞅被车裂,为什么呢?这是因为大臣们苦于法治而小民厌恶法治啊。如今的社会现实是,大臣们贪图权势、小民们安于混乱的情况,比当初秦国和楚国的风俗还要厉害,可是君主们却没有楚悼王、秦孝公那样对法术之士的信任,那么作为法术之士,又哪能冒着吴起被肢解和商鞅被车裂那样的危险,去宣扬自己的法术主张呢?这就是当今之世混乱不堪而没有霸主出现的原因啊!

◎亡　征

【题解】

亡征即国家灭亡的征兆。全文从政治、经济、军事、文化、外交、风俗等各个方面，罗列了四十七种可使国家灭亡的征兆。

【原文】

凡人主之国小而家大，权轻而臣重者，可亡也。简法禁而务谋虑，荒封内而恃交援者，可亡也。群臣为学，门子好辩①，商贾外积，小民右仗者②，可亡也。好宫室台榭陂池，事车服，器玩好，罢露百姓③，煎靡货财者，可亡也。用时日，事鬼神，信卜筮而好祭祀者，可亡也。听以爵，不以众言参验，用一人为门户者，可亡也。官职可以重求，爵禄可以货得者，可亡也。缓心而无成，柔茹而寡断，好恶无决，而无所定立者，可亡也。饕贪而无餍，近利而好得者，可亡也。喜淫辞而不周于法，好辩说而不求其用，滥于文丽而不顾其功者，可亡也。浅薄而易见，漏泄而无藏，不能周密而通群臣之语者，可亡也。很刚而不和④，愎谏而好胜，不顾社稷而轻为自信者，可亡也。恃交援而简近邻，怙强大之救而侮所迫之国者，可亡也。羁旅侨士，重帑在外，上间谋计，下与民事者，可亡也。

【注释】

①门子：指卿大夫的嫡子。
②右仗：喜好私斗。右，崇尚；仗，兵器的统称。
③罢(pí)露：困顿软弱。罢，同"疲"；露，羸弱。
④很：即"狠"。

【译文】

凡是君主的封国小而卿大夫的封地大，君主的权势轻微而大臣的权势厚重的，国家有可能灭亡。轻视法律禁令而一心忙于谋虑，荒废封地内的管理而一味依靠外部救援的，国家有可能灭亡。群臣醉心私学，卿大夫的嫡子喜欢论辩，商人将财物积聚在国外，国内的百姓崇尚私斗的，国家有可能灭亡。喜欢宫室、台榭、池塘，追求车马、服饰的享受，器皿、玩物务必高档，使百姓困顿羸弱，挥霍浪费财物的，国家有可能灭亡。办事情要选择时辰日子，侍奉鬼神，相信迷信和占卜，又喜欢祭祀的,国家有可能灭亡。君主听取言论只是依据爵位的高低,而不以多数人的意见为参考加以检验,只用一个人作为传达意见的渠道,国家有可能灭亡。官职可以凭借权重之人而获得,爵位俸禄可以用钱财买到的,国家有可能灭亡。君主决断问题迟缓而无实效,本性柔弱而不果断,好坏不分,也没有固定的立场,国家有可能灭亡。贪得无厌永不知足,追求利益好占便宜,国家有可能灭亡。喜欢酷刑而不合于公法,喜好辩说而不求实用,滥用华丽的辞藻而不讲求实际功效,国家有可能灭亡。君主浮浅,好恶轻易表现出来,秘密泄露,无所隐藏,不能周到细致,竟将臣下的言辞全部透露的,国家有可能灭亡。乖戾强硬而不随和,刚愎自用不听劝谏,争强好胜,不顾国家的利益而轻易表现出自信的,国家有可能灭亡。依仗友国的援助而怠慢邻国,凭借强国的救援而侮辱比本国弱小的国家,这样的国家有可能灭亡。寄居于本国内的外籍人士和游说之士,囤积大量财物于国外,向上刺探国家机密,向下干预老百姓之私事的,国家有可能灭亡。

[原文]

民信其相,下不能其上,主爱信之而弗能废者,可亡也。境内之杰,不事而求,封外之士,不以功伐课试,而好以名问举错,羁旅起贵,以陵故常者,可亡也。轻其嫡正,庶子称衡,太子未定而主即世者,可亡也。大心而无悔,国乱而自多,不料境内之资而易其邻敌者,可亡也。国小而不处卑,力少而不畏强,无礼而侮大邻,贪愎而拙交者,可亡也。太子已置,而娶于强敌以为后妻,则太子危,如是则群臣易虑;群臣易虑者,可亡也。怯慑而弱守,蚤见而心柔懦①,知有谓可,断而弗敢行者,可亡也。出君在外,而国更置,质太子未反而君易子,如是则国携②;国携者,可亡也。挫辱大臣而狎其身,刑戮小民而逆其使,怀怒思耻而专习,则贼生;贼生者,可亡也。大臣两重③,父兄众强,内党外援以争事势者,可亡也。婢妾之言听,爱玩之智用,外内悲惋而数行不法者,可亡也。简侮大臣,无礼父兄,劳苦百姓,杀戮不辜者,可亡也。好以智矫法,时以行杂公,法禁变易,号令数下者,可亡也。无地固,城郭恶,无畜积④,财物寡,无守战之备而轻攻伐者,可亡也。种类不寿,主数即世,婴儿为君,大臣专制,树羁旅以为党,数割地以待交者,可亡也。太子尊显,徒属众强,多大国之交,而威势蚤具者,可亡也。变褊而心急⑤,轻疾而易动发,心悁忿而不訾前后者⑥,可亡也。主多怒而好用兵,简本教而轻战攻者,可亡也。贵臣相妒,大臣隆盛,外藉敌国,内困百姓,以攻怨仇,而人主弗诛者,可亡也。

①蚤：通"早"。
②携：分崩离析。
③两重：两位大臣的权势同等显赫。
④畜积：即"蓄积"。
⑤变褊：心胸狭窄。
⑥悁(yuān)忿：愤怒。 訾(zī)：计算，计量。

民众相信他们的相国，致使臣下都以为自己的君主无能，可是君主仍宠信相国而不去废除他，国家有可能灭亡。境内的杰出人才，不去寻找任用，分封到外地的人士，不凭功劳成绩考核，而喜欢凭名望学问任免安置，将游客说士起用为显贵，打乱固有的常规，国家有可能灭亡。轻视嫡长子，庶子与嫡子抗衡分礼，太子尚未册立，而君主已经去世的，国家有可能灭亡。国君粗心大意而不知悔改，国家已混乱却自我称颂，不能正确估计国家的实力，却看轻相邻的敌国，国家有可能灭亡。国家弱小却不甘心处于下位，国力不强却不害怕强敌，简慢无礼，侮辱强大的邻国，又贪又倔却不善于外交，国家有可能灭亡。太子已经册立，却又娶强敌的女儿为正室夫人，那么太子的处境就危险了，这样群臣便会改变主意，群臣改变主意的，国家有可能灭亡。生性胆小而不敢坚持己见，早已发现事情的端倪却心地柔弱，明知可以去实施，决定之后又不敢付诸行动，国家有可能灭亡。国君在国外访问，国内却另立国君；将太子抵押在外国还未返回，国君却另立太子，这样一来，国家就分崩离析了，国家分崩离析的，国家有可能灭亡。君主伤害侮辱了大臣，又去与他们开玩笑亲近；惩罚了小民，又违背他们的意愿役使他们，这些人心怀怨恨，时刻想着所受的耻辱，这样，劫杀之事就会发生，劫杀之事一出，国家有可能灭亡。两个大臣同等权势显赫，与君主同姓的权重之臣又多又强，他们在内结党，在外相援，去争夺权势，国家有可能灭亡。听从卑贱的婢妾的话，使用近臣的计谋，朝廷内外都在忧心忡忡，可婢妾和近臣还屡屡触犯法令，国家有可能灭亡。轻视侮辱大臣，对叔伯、兄弟不尊重，让百姓劳苦，杀戮无辜的人，国家有可能灭亡。喜欢用自己的计谋矫正已经定下的法令，经常用自己的私行扰乱公法，法律禁令几次改变，不停地下达号令的，国家有可能灭亡。没有坚固的地利，内城、外城修得不结实，没有什么积蓄，财物又少，没有防守和进攻的准备，却轻易发动战争的，国家有可能灭亡。君主的家族有不长寿的遗传基因，君主接连死去，婴儿当了君主，大臣专权，将外来的游说之士树为党羽，数次割地期求与外国结交，国家有可能灭亡。太子尊贵显赫，跟从太子的人又多又强，经常与大国交往，致使其威势早早就具备了的，国家有可能灭亡。君主心胸狭窄、性情急躁，处事轻率而易于激动，这样就必定会因愤怒而不去计量前因后果，国家就有可能灭亡。君主经常发怒而喜欢打仗，轻视农业和练兵却轻易去发动战争的，国家有可能灭亡。权贵之臣相互嫉妒，大臣权势显赫，在外借助敌国的势力，在内使百姓困顿，去攻击与自己有私仇而怨恨之人，可是君主却不诛杀他们，那么国家有可能灭亡。

【原文】

君不肖而侧室贤，太子轻而庶子伉①，官吏弱而人民桀，如此，则国躁；国躁者，可亡也。藏怨而弗发，悬罪而弗诛，使群臣阴憎而愈忧惧，而久未可知者，可亡也。出军命将太重，边地任守太尊，专制擅命，径为而无所请者，可亡也。后妻淫乱，主母畜秽，外内混通，男女无别，是谓两主；两主者，可亡也。后妻贱而婢妾贵，太子卑而庶子尊，相室轻而典谒重②，如此则内外乖；内外乖者，可亡也。大臣甚贵，偏党众强，壅塞主断而重擅国者，可亡也。私门之官用，马府之世绌③，乡曲之善举④，官职之劳废，贵私行而贱公功者，可亡也。公家虚而大臣实，正户贫而寄寓富，耕战之士困，末作之民利者，可亡也。见大利而不趋，闻祸端而不备，浅薄于争守之事，而务以仁义自饰者⑤，可亡也。不为人主之孝，而慕匹夫之孝，不顾社稷之利，而听主母之令，女子用国，刑馀用事者，可亡也。辞辩而不法，心智而无术，主多能而不以法度从事者，可亡也。亲臣进而故人退，不肖用事而贤良伏，无功贵而劳苦贱，如是则下怨；下怨者，可亡也。父兄大臣，禄秩过功，章服侵等，宫室供养太侈，而人主弗禁，则臣心无穷；臣心无穷者，可亡也。公婿公孙与民同门，暴傲其邻者，可亡也。

①伉(kàng)：傲慢。
②典谒：掌管迎送宾客事务的官员。
③马府：掌握有武功者名册的官员。 绌：同"黜"。
④乡曲：乡下。
⑤饰：通"饬"，约束，整顿。

君主无才无德而君主的叔伯兄弟却贤明，太子的地位轻而庶子却强盛，官吏软弱而民众不驯服，这样，国家便会动荡不安，国家一动荡不安，就有可能灭亡。君主将对臣下的怨气藏起来不发作，将罪名挂起来而不加以惩罚，致使大臣们暗地里憎恨而越发担心恐惧，久久不知道自己未来的命运，国家有可能灭亡。出动军队，任命大将，太看重边防阵地，边地的官员太尊贵，专权跋扈，擅自发号施令，为所欲为而不向君主请示,国家有可能灭亡。皇后淫乱,太后私养妍夫,宫外宫内混乱私通,男女之间没有尊卑之分,形成了皇后和太后两个权力中心,在这种情形之下,国家有可能灭亡。君主的正妻地位低而婢妾却显贵,太子地位低而庶子却尊贵,相国的势力轻而内官的势力却重,这样一来,朝廷就主次颠倒,内外违背,在这种形势之下,国家有可能灭亡。大臣十分尊贵,他的私党又多又强,堵塞君主的决断而独揽国家大权的,国家有可能灭亡。权贵者私门中的官员被任用,而有军功的后代却被废黜,乡下有善名的人被选拔,官署中有功绩的人却被废弃,看重私人的行为而轻视公共的功劳,国家有可能灭亡。公府的财产空虚而大臣的家产却殷实,有固定户口的人贫困,而寄居的人却富足,耕作征战的人困顿,而从事工商等行业的人却获利,国家有可能灭亡。看见大的利益不去追求,听说有了祸患的苗头而不加以戒备,对于征战守备之事浅陋无知,而一味用仁义的学说自我约束,国家有可能灭亡。不表现作为君主保国安民的大孝,却羡慕百姓侍奉父母的小孝,不顾及国家的利益,却听从太后的命令,让女人执掌大权,让宦官决断事务,国家有可能灭亡。讲求辞辩却不合法令,头脑灵活却不懂权术,君主虽多有才能却不按法度行事,国家有可能灭亡。受宠爱的亲臣被任用,旧臣被废置,不贤明的人当权而贤明的人引退,没有功劳的人尊贵而有功劳和辛苦的人却低贱,这样的话,下面就会怨恨;下面怨恨,国家有可能灭亡。与君主同姓的大臣,享受的俸禄和级别超过他的功劳,他们的礼服侵犯了规定的等级,宫室中的供养太奢侈,可是君主却不加以禁止,这样臣子的贪心便没有止境,臣子贪心不足,国家有可能灭亡。皇亲国戚与普通百姓住在同一街巷之内,他们对于邻居蛮横无理,并对人欺凌傲慢,如此则国家有可能灭亡。

亡征者,非曰必亡,言其可亡也。夫两尧不能相王,两桀不能相亡。亡王之机,必其治乱、强弱相踦者也①。木之折也必通蠹,墙之坏也必通隙。然木虽蠹,无疾风不折;墙虽隙,无大雨不坏。万乘之主,有能服术行法,以为亡征之君风雨者,其兼天下不难矣!

【注释】

①踦(yǐ):用力抵住。

所谓灭亡的征兆,不是指一定会灭亡,而是指可能会灭亡。如果同时存在两个尧,那么谁也不能称王;同时出现两个桀,那么谁也不能灭亡谁。灭亡与称王的关键,必定取决于两国治乱、强弱谁占据上风。树木折断,一定是有蛀虫,围墙倒塌,也一定是有缝隙。然而树木即使有蛀虫,没有强劲的大风吹袭仍不会折断,围墙虽有缝隙，没有雨水的渗透也不会倒塌。拥有万辆兵车的大国君主，假若有能力推行法术，像风吹树，雨毁墙一样，充当已具有亡国征兆的国君的"风"和"雨"，那么他要兼并天下，并不是什么困难的事。

◎ 说林上

题解

劝说他人并让他听从自己的意见，这样的典型例子汇集如林。由于这样的例子较多，所以分为上、下两篇。

原文

汤以伐桀①，而恐天下言己为贪也，因乃让天下于务光②，而恐务光之受之也，乃使人说务光，曰："汤杀君而欲传恶声于子，故让天下于子。"务光因自投于河。

秦武王令甘茂择所欲为于仆与行③。孟卯曰："公不如为仆。公所长者，使也。公虽为仆，王犹使之于公也。公佩仆玺而为行事，是兼官也。"

子圉见孔子于商太宰④。孔子出，子圉入，请问客。太宰曰："吾已见孔子，则视子犹蚤虱之细者也⑤。吾今见之于君。"子圉恐孔子贵于君也，因谓太宰曰："君已见孔子，亦将视子犹蚤虱也。"太宰因弗复见也。

注释

①以：同"已"。
②务光：商汤时代的一位隐士。
③行：使者。
④子圉(yǔ)：春秋时宋国人。　商：谓宋国，商朝被灭亡后，纣的亲戚被封为宋王，因而后世称宋为商。太宰：即宰相。
⑤细者：指细小，微不足道。

译文

商汤已经讨伐夏桀，可又怕天下的人说自己贪心，于是就将天下让给隐士务光，可又担心务光真的接受让贤，于是派人劝说务光道："商汤杀死国君而想让你背上罪恶的名声，所以才将天下让给你。"务光听了这话，自己投河而死。

秦武王让甘茂在主管车马的太仆和主管传达命令的使者这两种官职中，选择一种自己喜欢的。孟卯对甘茂说："您不如选择当太仆。您所擅长的是使者这个职位，您虽然当了太仆，君王还会让您充当使者。您佩带太仆的官印而当使者，这是一身而有二职。"

子圉将孔子引荐给宋国的太宰。孔子出来后,子圉进去,询问太宰对于客人的印象。太宰说:"我见过孔子之后,再来看你,觉得你犹如跳蚤和虱子一样渺小。我现在就要将孔子引荐给君王。"子圉担心孔子在君王那里受到重用,于是对太宰说:"君王见了孔子之后,也将会觉得你像跳蚤和虱子一样渺小。"太宰觉得有理,于是不再将孔子推荐给君王。

魏惠王为臼里之盟,将复天子。彭喜谓郑君曰①:"君勿听。大国恶有天子,小国利之。若君与大不听,魏焉能与小立之?"

晋人伐邢,齐桓公将救之。鲍叔曰:"太蚤②。邢不亡,晋不敝③;晋不敝,齐不重。且夫持危之功,不如存亡之德大。君不如晚救之以敝晋,齐实利。待邢亡而复存之,其名实美。"桓公乃弗救。

子胥出走,边候得之④。子胥曰:"上索我者,以我有美珠也。今我已亡之矣。我且曰子取吞之。"候因释之。

注释

①郑君:此处指韩国国君。公元前375年,韩国灭掉郑国,又迁都于郑(今河南新郑),所以韩国的国君又称"郑君"。
②蚤:通"早"。
③敝:凋敝、衰亡。
④边候:边关的官员。

魏惠王召集各诸侯国在臼里这个地方举行盟会,准备恢复周天子的地位。彭喜对韩国国君说:"君王您不可听从他的号召。大国讨厌有天子,周天子的存在只对小国有利。假若您与其他大国不听从魏惠王的建议,魏惠王又怎能和小国恢复周天子的地位?"

晋国人出兵攻打邢国,齐桓公准备出兵救助邢国。鲍叔牙说:"现在去救,为时太早。邢国不灭亡,晋国就不会凋敝衰亡;晋国不衰亡,就显不出齐国的重要性。再说扶持危难的功劳,比不上挽救灭亡的功德。您不如晚些去救,好让晋国消耗衰微,如此才能得到实利。等到邢国被灭再去扶持它,帮它复国,这样才能得到真正的美名。"齐桓公于是不去救邢。

伍子胥从楚国逃跑出来,边关的官员捕获了他。伍子胥说:"君王之所以追捕我,是因为我有美丽的宝珠。如今我已将宝珠丢失了。如果你捉拿我去见君王,我就说是你将我的宝珠吞到肚子里了。"边关的官员于是将伍子胥释放了。

原文

庆封为乱于齐而欲走越①。其族人曰:"晋近,奚不之晋?"庆封曰:"越远,利以避难②。"族人曰:"变是心也,居晋而可;不变是心也,虽远越,其可以安乎?"

智伯索地于魏宣子,魏宣子弗予。任章曰:"何故不予?"宣子曰:"无故索地,故弗予。"任章曰:"无故索地,邻国必恐。彼重欲无厌③,天下必惧。君予之地,智伯必骄而轻敌,邻邦必惧而相亲。以相亲之兵待轻敌之国,则智氏之命不长矣。《周书》曰:'将欲败之,必姑辅之;将欲取之,必姑予之。'君不如与之以骄智伯。且君何释以天下图智氏,而独以吾国为智氏质乎④?"君曰:"善。"乃与之万户之邑。智伯大悦,因索地于赵,弗与,因围晋阳。韩、魏反之外,赵氏应之内,智氏遂亡。

秦康公筑台三年。荆人起兵⑤,将欲以兵攻齐。任妄曰:"饥召兵,疾召兵,劳召兵,乱召兵。君筑台三年,今荆人起兵将攻齐,臣恐其攻齐为声,而以袭秦为实也。不如备之。"戍东边,荆人辍行⑥。

注释

①走越:逃跑到越国。
②以:于。
③重欲:反复索求。
④质:的。本义为箭靶子,引申为目标。
⑤荆人:即楚国人。
⑥辍行:停止军事行动。

译文

庆封在齐国作乱后,想逃到越国。他的同族人说:"晋国离齐国比较近,为什么不去晋国呢?"庆封回答说:"越国偏远,利于躲避灾难。"同族的人说:"如果你能改变作乱的心思,居住在晋国也是可以的;如果不改变作乱的心思,纵然远居越国,难道就会平安无事吗?"

智伯向魏宣子索要土地,魏宣子不给。任章问魏宣子:"为什么不给他土地呢?"魏宣子回答:"无缘无故索要土地,所以不能给他。"任章说:"无缘无故就来索要土地,邻近的国家必定会恐慌。智伯反复索求,贪得无厌,天下的人必定惧怕他。您送给他土地,智伯必定会骄傲自满、轻视敌人,邻近的国家则一定会因惧怕他而相互亲近。凭借相互团结的军队去对付轻视敌人的国家,这样智氏的命运不会长久的。《周书》说:'想要打败它,一定得暂且辅助它;想要夺取它,一定得暂且给予它。'您还不如送给智伯土地好让他骄傲自满。况且君王您为什么要放弃以天下的力量去图谋智氏的机会,而单独让我国成为智氏攻击的目标呢?"魏宣子说:"说得对。"于是就送给智伯一个拥有万户居民的城邑。智伯非常高兴,又进一步向赵国索要土地,赵国不给,于是智伯围攻赵国的晋阳城。就在此时,韩国、魏国在外面背叛了智氏,赵氏在城内接应,智氏随即灭亡。

秦康公兴师动众筑造土台,三年尚未完工。楚国人召集军队,说是要去攻打齐国。任妄说:"饥饿会招致敌兵,疾病会招致敌兵,劳苦会招致敌兵,动乱会招致敌兵。国君您筑造土台,三年还未完工,如今楚国人发兵将去攻击齐国,为臣我担心他们攻击齐国是虚张声势,而袭击我们秦国才是他们的真正目的。我们不如及早准备。"秦康公听从了他的建议,在东边的边境上驻扎了军队,楚国人随即停止了军事行动。

齐攻宋,宋使臧孙子南求救于荆。荆大说①,许救之,甚劝②。臧孙子忧而反③。其御曰:"索救而得,今子有忧色,何也?"臧孙子曰:"宋小而齐大。夫救小宋而恶于大齐,此人之所以忧也。而荆王说,必以坚我也。我坚而齐敝,荆之所利也。"臧孙子乃归。齐人拔五城于宋,而荆救不至。

魏文侯借道于赵而攻中山,赵肃侯将不许④,赵刻曰:"君过矣。魏攻中山而弗能取,则魏必罢⑤;罢则魏轻;魏轻则赵重。魏拔中山,必不能越赵而有中山也。是用兵者魏也,而得地者赵也。君必许之。许之而大劝,彼将知君利之也,必将辍行。君不如借之道,示以不得已也。"

①说:同"悦",高兴。
②劝:卖力,很认真。
③反:同"返"。
④赵肃侯:根据有关史料,当作赵烈侯。
⑤罢:同"疲",疲惫。

齐国攻打宋国,宋国派遣臧孙子到南方向楚国请求援助。楚王听臧孙子说明来意后,非常高兴,答应救助宋国,表情十分认真。臧孙子忧虑重重地返回住地。他的车夫说:"寻求救助而得到了许诺,这是好事,可如今您面有忧色,这是为什么呢?"臧孙子说:"宋国弱小而齐国强大。救助弱小的宋国却得罪强大的齐国,这是人人都会忧虑的事。如今楚王却很高兴地应承下来,一定是为了坚定我们抵抗齐国的决心。我们如果坚决地抗击齐国，齐国就会衰微，这对于楚国很有利。"臧孙子于是回到宋国。之后，齐人攻下宋国五座城池，可是楚国的救兵仍迟迟不到。

魏文侯向赵国借用道路去攻打中山国，赵烈侯准备不答应。赵刻说："君侯您错了。魏国攻打中山国若不能取胜，那么魏国必定疲惫；魏国一旦疲惫不堪，它的势力就削弱了；魏国削弱，赵国的势力就强大了。假如魏国攻下中山国，也一定不能越过我们赵国而去统治中山国。这就说明不论是哪种情形，出兵的是魏国，而得利的却是赵国。君侯您一定得答应借给他道路。可是如果您答应他时显得十分高兴，他们就会知道您要从中得利，他们必定会停止行动。您不如在借给他道路时，装出一副无可奈何的表情。"

【原文】

鸱夷子皮事田成子①。田成子去齐，走而之燕，鸱夷子皮负传而从②。至望邑③，子皮曰："子独不闻涸泽之蛇乎？泽涸，蛇将徙。有小蛇谓大蛇曰：'子行而我随之，人以为蛇之行者耳，必有杀子者，子不如相衔负我以行，人必以我为神君也。'乃相衔负以越公道而行，人皆避之，曰神君也。今子美而我恶，以子为我上客，千乘之君也；以子为我使者，万乘之卿也。子不如为我舍人。"田成子因负传而随之，至逆旅④，逆旅之君待之甚敬，因献酒肉。

温人之周，周不纳客，问之曰："客耶？"对曰："主人。"问其巷而不知也，吏因囚之。君使人问之曰："子非周人也，而自谓非客，何也？"对曰："臣少也诵《诗》，曰：'普天之下，莫非王土；率土之滨⑤，莫非王臣。'今君天子，则我天子之臣也，岂有为人之臣而又为之客哉？故曰'主人'也。"君使出之。

①鸱(chī)夷子皮：春秋时越国范蠡(lǐ)自号鸱夷子皮。范蠡辅佐越王勾践灭吴后，知道勾践能同患难而不能共享乐，于是浮海出齐，变换姓名，自号鸱夷子皮。
②传(zhuàn)：符信，即通行证。
③望邑：地名，又叫望都，故城在今河北省望都县西北七里。
④逆旅：旅店。
⑤率土之滨：沿着大地走到海边。所引诗句出自《诗经·小雅·北山》。

鸱夷子皮侍奉田成子。有一回，田成子离开齐国，逃跑到燕国，鸱夷子皮携带通行证跟随在后面。到了望邑这个地方，鸱夷子皮说："您难道没听说过干涸的湖泽中的蛇的故事？湖泽干涸后，湖中的蛇不得不迁徙。有一条小蛇对一条大蛇说：您在前面走，我在后面跟随，人们一定会认为我们是过路的蛇，必定会有想杀死您的人。我们不如相互衔着而您背着我行走，人们一定会认为我是神君。'于是大蛇背着小蛇相互衔着在大路上行走。人们看见后，个个都躲避，说是神君来了。如今您长得美而我长得丑，将您当作我的上客，您不过像一个拥有千乘兵车的小国的君主；将您当作我的使者，那么我就像一个拥有万乘兵车的大国的大臣。您不如假扮成我的随从。"田成子于是携带通行证跟随着鸱夷子皮。到了旅店，店主人很尊敬地招待他们，还进献上酒和肉。

有一个温邑的人来到东周，东周人不接纳客人。问他道："您是客人吗？"他回答道："是主人。"又问他住在哪条街巷，他回答不上来，官吏于是囚禁了他。国君派人问他道："你明明不是周人，却说自己不是客人，为什么呢？"这个人答道："我小时候曾诵读《诗经》，里面讲到：'普天之下，莫不是君王的土地；顺着陆地一直走到海滨，莫不是君王的臣民。'如今君王是天子，我是天子的臣民，难道有既是人臣又是客人这种事？所以我才说自己是主人。"周王的使者于是释放了他。

韩宣王谓樛留曰①："吾欲两用公仲、公叔，其可乎？"对曰："不可。晋用六卿而国分，简公两用田成、阚止而简公杀，魏两用犀首、张仪而西河之外亡。今王两用之，其多力者内树其党，寡力者借外权。群臣有内树党以骄主，有外为交以列地②，则王之国危矣。"

绍绩昧醉寐而亡其裘。宋君曰："醉足以亡裘乎？"对曰："桀以醉亡天下，而《康诰》曰'毋彝酒'③；彝酒者，常酒也。常酒者，天子失天下，匹夫失其身。"

①樛(jiū)留：韩宣王的谋士。
②列地：割占土地。列，同"裂"，分裂。
③《康诰》：《尚书》中的一篇。　彝酒：经常饮酒。

韩宣王对谋士樛留说："我想同时重用公仲朋和公叔伯婴，这样可以吗？"樛留回答道："不可以。晋国国君因起用魏、赵、中行、韩、智、范等六大家族而导致国家分裂；齐简公因同时重用田成子、阚止，导致简公自己被杀害；魏国因同时重用犀首、张仪，导致了西河之外的土地全部丧失。如今君王您若同时重用两个大臣，他们当中力量大的必定要在国内树立其党羽，力量小的必定会借助外国的势力。

群臣当中既有人在国内树立党羽以傲视君主,又有人在国外结交势力而分裂国土,这样一来,君主您的国家就相当危险了。"

绍绩昧酒醉后睡着了,丢失了皮大衣。宋国国君说:"喝醉酒还能丢失皮大衣?"绍绩昧回答说:"夏桀因为喝酒而丧失了天下,所以《康诰》告诫人们:'不要彝酒。'彝酒的意思是经常饮酒。经常饮酒,天子会失去天下,平民百姓会危害健康。"

管仲、隰朋从桓公伐孤竹①,春往冬反②,迷惑失道。管仲曰:"老马之智可用也。"乃放老马而随之,遂得道。行山中无水,隰朋曰:"蚁冬居山之阳,夏居山之阴。蚁壤寸而有水。"乃掘地,遂得水。以管仲之圣而隰朋之智③,至其所不知,不难师于老马与蚁。今人不知以其愚心而师圣人之智,不亦过乎!

有献不死之药于荆王者,谒者操之以入④。中射之士问曰⑤:"可食乎?"曰:"可。"因夺而食之。王大怒,使人杀中射之士。中射之士使人说王曰:"臣问谒者,曰'可食',臣故食之,是臣无罪,而罪在谒者也。且客献不死之药,臣食之而王杀臣,是死药也,是客欺王也。夫杀无罪之臣,而明人之欺王也,不如释臣。"王乃不杀。

①隰(xī)朋:春秋时齐国大夫。 孤竹:古国名。故城在今日河北卢龙县南十二里。
②反:通"返"。
③而:与。
④谒者:负责通报和接待宾客的近侍。
⑤中射之士:帝王的侍御近臣。

管仲、隰朋跟随齐桓公讨伐孤竹国,春天去攻伐,冬天才返回,半路上迷了路。管仲说:"老马的智慧可以利用。"于是放开老马,人跟在马的后面,果然找到了归路。行至山中,没有水喝,隰朋说:"蚂蚁冬天住在山的南面,夏天住在山的北面,蚂蚁洞口一寸以下的地方必定有水。"于是顺着蚂蚁窝掘地,果然找到了水源。凭管仲的圣明与隰朋的智慧,碰到他们所不知道的事情,还要向老马和蚂蚁学习。如今的人却不懂得让愚蠢的自己向明智的圣人学习,不也是错误的吗!

有人向楚王进献长生不死的药物,负责通报的人拿着药进入宫中。宫廷侍卫问道:"这东西能吃吗?"回答说:"能吃。"侍卫于是夺过药吃了下去。楚王十分生气,让人杀死侍卫。侍卫托人劝说楚王:"我问通报者能否食用,通报者说是能吃,我才吃的,这说明不是我的罪过,是通报的人有罪。况且客人进献的是不死之药,我吃了药,大王却要杀我,这药分明是死药,说明客人是在欺骗您。您若杀了无罪的我,说明别人将大王您欺骗了。与其如此,还不如将我释放。"楚王于是没有杀他。

田驷欺邹君,邹君将使人杀之。田驷恐,告惠子。惠子见邹君曰:"今有人见君,则睞其一目①,奚如?"君曰:"我必杀之。"惠子曰:"瞽,两目睞,君奚为不杀?"君曰:"不能勿睞。"惠子曰:"田驷东欺齐侯,南欺荆王,驷之于欺人,瞽也,君奚怨焉?"邹君乃不杀。

鲁穆公使众公子或宦于晋,或宦于荆。犁锄曰:"假人于越而救溺子②,越人虽善游,子必不生矣;失火而取水于海,海水虽多,火必不灭矣,远水不救近火也。今晋与荆虽强,而齐近,鲁患其不救乎?"

①睞(jiá):闭上眼睛。
②溺子:落水的孩子。

田驷欺骗了邹国国君,邹君准备派人杀死他。田驷十分惊恐,去告诉惠施。惠施劝谏邹君道:"如今有人来拜见国君您,假如他闭上一只眼睛,你将怎么处置?"邹君说:"我一定会杀死他。"惠施说:"瞎子两只眼睛都是闭着的,你为何不杀掉呢?"邹君说:"瞎子不能不闭眼。"惠施说:"田驷这个人,东边欺骗过齐侯,南边欺骗过楚王,田驷的欺骗人,犹如瞎子的紧闭双眼一样,是不得不如此,您又何必怨恨他呢?"邹君于是不杀田驷了。

鲁穆公让他的儿子们有的到晋国做官,有的到楚国做官。犁锄说:"如果去到越国请人来救掉入水中的孩子,越人即使善于游泳,孩子也必定不能生还;失火之后去大海中取水,海水再多,火一定不会扑灭,远水救不了近火啊。如今晋国与楚国虽然强大,可是齐国却与鲁国最近,鲁国有祸患,齐国能不救助吗?"

乐羊为魏将而攻中山①,其子在中山。中山之君烹其子而遗之羹②,乐羊坐于幕下而啜之,尽一杯。文侯谓堵师赞曰:"乐羊以我故而食其子之肉。"答曰:"其子而食之,且谁不食?"乐羊罢中山③,文侯赏其功而疑其心。孟孙猎得麑④，使秦西巴持之归，其母随之而啼，秦西巴弗忍而与之。孟孙适至而求麑，答曰："余弗忍而与其母。"孟孙大怒，逐之。居三月，复召以为其子傅。其御曰："曩将罪之⑤，今召以为子傅，何也？"孟孙曰："夫不忍麑，又且忍吾子乎？"故曰：巧诈不如拙诚。乐羊以有功见疑，秦西巴以有罪益信。

曾从子，善相剑者也。卫君怨吴王。曾从子曰："吴王好剑，臣相剑者也，臣请为吴王相剑，拔而示之，因为君刺之。"卫君曰："子为之是也，非缘义也，为利也。吴强而富，卫弱而贫。子必往，吾恐子为吴王用之于我也。"乃逐之。

①乐羊：战国时魏国大将。
②遗(wèi)之羹：送给乐羊人肉做的汤。
③罢：王先慎引用《吴语》韦注："罢，归也。"意思是乐羊从中山国归来。
④孟孙：鲁国的卿大夫。 麑(ní)：小鹿。
⑤曩(nǎng)：从前。

乐羊作为魏国的大将，领兵讨伐中山国，他的儿子正好在中山国。中山国的国君将乐羊的儿子杀死，并做成人肉汤送给乐羊。乐羊坐在帐幕之下慢慢地品味汤，喝了一杯。魏文侯对堵师赞说："乐羊是因为我的缘故才吃他儿子的肉的。"堵师赞却回答道："他连自己的儿子都能吃，还有谁不能吃呢？"乐羊率领部队从中山国归来，魏文侯奖赏他所立下的汗马功劳，可是对乐羊的忠心却持怀疑态度。鲁国的卿大夫孟孙捕到一只小鹿，命令秦西巴将小鹿带回去。可是小鹿的母亲跟随着小鹿啼叫不止，秦西巴不忍心，将小鹿还给了大鹿。孟孙刚好赶回来找小鹿，秦西巴回答道："我不忍心让它们母子分开，就将小鹿还给了大鹿。"孟孙十分气愤，将秦西巴赶走了。过了三个月，孟孙又将秦西巴召回来，并且还让他当儿子的老师。孟孙的车夫说："从前要治他的罪，如今却又召来让他当你儿子的师傅，这是为什么？"孟孙说："秦西巴连小鹿都不忍心伤害，难道会忍心伤害我的儿子吗？"所以说，聪明的欺诈不如笨拙的诚实。乐羊因为有战功而被怀疑，秦西巴却因为有罪而更加被信任。

曾从子善于鉴别宝剑的好坏。卫国国君怨恨吴王，曾从子对卫君说："吴王喜欢宝剑，而为臣我善于鉴别宝剑的好坏。为臣我请求您派我去为吴王鉴别宝剑，在我拔出宝剑给他看的时候，趁机为您将吴王刺死。"卫君说："你想做的这件事，不是缘于道义，而是为了利益。吴国强大而富有，卫国弱小而贫困。你若一定坚持前往，我担心你会被吴王收买而反过来对付我。"于是将曾从子驱逐出境。

纣为象箸而箕子怖,以为象箸必不盛羹于土簋①,则必犀玉之杯;玉杯象箸必不盛菽藿②,则必旄③、象、豹胎;旄、象、豹胎必不衣短褐而舍茅茨之下④,则必锦衣九重、高台广室也。称此以求,则天下不足矣。圣人见微以知萌,见端以知末,故见象箸而怖,知天下不足也。

周公旦已胜殷⑤,将攻商盖。辛公甲曰⑥:"大难攻,小易服。不如服众小以劫大。"乃攻九夷⑦,而商盖服矣。

纣为长夜之饮⑧,欢以失日⑨,问其左右,尽不知也。乃使人问箕子。箕子谓其徒曰:"为天下主,而一国皆失日,天下其危矣。一国皆不知,而我独知之,吾其危矣。"辞以醉而不知。

①土簋(guǐ):陶土烧制的圆形器皿。
②菽藿(shū huò):豆类和野菜。
③旄(máo):牦牛。
④茅茨(cí):茅草屋顶。
⑤周公旦:即姬旦,周文王子,辅佐武王灭纣。武王死后,成王年幼,周公摄政。
⑥辛公甲:即辛甲,原为商纣王的臣子,屡谏纣王不听,去而至周,为太史。
⑦九夷:指各个小部族。
⑧长夜:传说纣王沉湎于酒,以糟为丘,以酒为池,车行酒,骑行炙,百二十日为一夜,故名长夜。
⑨失日:忘记了具体的日期。

商纣王使用象牙筷子,商纣王的叔父箕子很害怕。箕子认为商纣王既然已使用了象牙筷子,那么必定不会用陶土烧制的器皿盛汤,一定会用犀牛角或玉石做的杯子;玉石杯子盛的,象牙筷子夹的,一定不会是豆类野菜等粗粮,而一定会是牦牛、象、豹胎等美味;食用牦牛、象、豹胎等美味,一定不会再穿粗布短衣,住茅草屋,而必定要穿多套锦绣衣服,住高台大屋。按照这样的要求,整个天下的财物也不够他享用。圣明的人能从细微的小节看出事情的发展势头,看见事物的开端就能预见其结局。所以箕子看见纣王使用象牙筷子而害怕,因为他知道照这样下去,整个天下的财物都不够纣王享用。

周公旦平定了武庚的叛乱后,准备攻打商盖。辛公甲说:"大的国家难以攻下,小的国家却容易征服。不如先征服众多的小国来威胁大国。"于是周公旦就改为攻打东方的各个小部族,小部族被征服后,商盖也降服了。

商纣王以一百二十日为一夜,通宵达旦地饮酒取乐,快乐得忘记了时日。问他身边的人,也都不知道。于是派人问他的叔父箕子。箕子对自己的侍从说:"作为一国之君主,竟然使全国的人都忘记了时日,这样的国家很危险了。全国人都不知道时日,唯独我一个人知道,我也很危险了。"于是推辞说自己也喝醉了,同样不知道时日。

原文

鲁人身善织屦①,妻善织缟②,而欲徙于越。或谓之曰:"子必穷矣。"鲁人曰:"何也?"曰:"屦为履之也,而越人跣行③;缟为冠之也,而越人被发④。以子之所长,游于不用之国,欲使无穷,其可得乎?"

陈轸贵于魏王,惠子曰:"必善事左右。夫杨,横树之即生,倒树之即生,折而树之又生。然使十人树之而一人拔之,则毋生杨矣⑤。至以十人之众,树易生之物,而不胜一人者⑥,何也?树之难而去之易也。子虽工自树于王,而欲去子者众,子必危矣。"

鲁季孙新弑其君,吴起仕焉。或谓起曰:"夫死者,始死而血,已血而衄⑦,已衄而灰,已灰而土。及其土也,无可为者矣。今季孙乃始血,其毋乃未可知也⑧。"吴起因去之晋。

注释

①屦(jù):草鞋。
②缟(gǎo):未经染色的生绢。
③跣(xiǎn):赤脚。
④被发:即披发。
⑤毋:通"无"。
⑥不胜:不敌,比不上。
⑦衄(nǜ):收缩。
⑧毋乃:恐怕,大概。

译文

有个鲁国人,善于编织草鞋,他的妻子则善于纺织生绢,他们夫妻二人准备迁移到越国。有个人对他说:"你必定会穷困潦倒。"这个鲁国人问:"为什么呢?"那个人说:"草鞋是穿在脚上的,可是越国的人赤脚走路;生绢是用来做帽子的,可是越国的人都披头散发,不戴帽子。带着你的特长去到不用这些特长的国家去谋生,想使自己不穷困,能做得到吗?"

陈轸受到魏惠王的器重,惠施对陈轸说:"一定得好好侍奉君王身边的人。那杨树,横着栽种可以成活,倒着栽种可以成活,折断了栽种又能成活。可是假若让十个人去种树,而让一个人去拔树,那么就不会有活的杨树。至于让多达十个人去栽种易于成活的杨树,却敌不住一个人去拔,这是什么原因呢?那是因为栽种困难而拔树容易啊。您虽然善于在君王面前表现,可是如果想去掉您的人很多,那么您必定危险了。"

鲁国的季孙氏刚刚杀了他的君王,吴起就被季孙氏起用为官。有人对吴起说:"被杀死的人,刚开始是流血,血流尽之后肌肉收缩,肌肉收缩之后变成残骸,成了残骸后逐渐化成泥土。等到化成泥土之后,才彻底完蛋,什么也干不成了。如今季孙氏杀死了国君,好比一个人刚开始流血,接下来如何发展恐怕还难以预料吧。"吴起于是离开鲁国去了晋国。

【原文】

　　隰斯弥见田成子,田成子与登台四望,三面皆畅,南望,隰子之家树蔽之,田成子亦不言。隰子归,使人伐之。斧离数创①,隰子止之。其相室曰②:"何变之数也③?"隰子曰:"古者有谚曰:'知渊中之鱼者不祥。'夫田子将有大事④,而我示之知微,我必危矣。不伐树,未有罪也;知人之所不言,其罪大矣。"乃不伐也。

　　杨子过于宋⑤,宿于逆旅。逆旅人有妾二人,其恶者贵,美者贱。杨子问其故,逆旅之父答曰⑥:"美者自美,吾不知其美也;恶者自恶,吾不知其恶也。"杨子谓弟子曰:"行贤而去自贤之心,焉往而不美?"

　　卫人嫁其子而教之曰:"必私积聚。为人妇而出⑦,常也;其成居⑧,幸也。"其子因私积聚,其姑以为多私而出之⑨。其子所以反者,倍其所以嫁。其父不自罪于教子非也,而自知其益富⑩。今人臣之处官者,皆是类也。

①离:割,砍。
②相室:管家。
③数:通"速",急,快。
④大事:指田成子杀齐简公之事。
⑤杨子:即杨朱,先秦古书中又称他为阳子居或阳生。战国初哲学家,魏国人。主张"贵生"、"重己"。
⑥逆旅之父(fǔ):店主人。逆旅:旅店。父,老人,这里指主人。
⑦出:休弃。
⑧成居:这里的意思是与丈夫白头偕老。
⑨姑:婆婆。
⑩知:同"智"。

隰斯弥拜见田成子,田成子与他登上高台,四处眺望。其他三面都视野开阔,但向南望时,隰斯弥家中的树遮住了视线,田成子也没说什么。隰斯弥回到家中,马上派人砍树。可是斧头刚刚砍了几下,隰斯弥又阻止住了。他的管家说:"为什么这么快就改变了主意?"隰斯弥说:"古时候有一句谚语说:'知道深渊中有鱼的人不吉祥。'田成子将要干一件大事,可是我向他表示我知道其中的秘密,那么我必定危险了。不砍树,没有罪过;可是知道了别人不说出的秘密,那罪过就大了。"于是不再砍树。

杨朱路过宋国,投宿于一个旅店。店主人有两个小妾,那个长得丑的地位高,长得美的地位低。杨朱问其中的缘故。店主人回答说:"长得美的自以为漂亮,我却不觉得她漂亮;长得丑的自以为丑陋,我却不觉得她丑陋。"杨朱对他的弟子说:"做好事而抛弃认为自己贤明的看法,到哪里不会受到赞美呢?"

一个卫国人嫁女儿时教导女儿说:"一定得偷偷积聚财物。给人做妻子而被休回娘家,是常见的事;能与丈夫白头偕老,是非常侥幸的。"他的女儿于是偷偷积聚财物。她的婆婆嫌她私积财物,于是将她休回娘家。这个卫国人的女儿带回来的财物,是她嫁妆的数倍。她的父亲不认为自己教导女儿的方法不正确,反而认为这样增加财富是自己明智。如今身居官位的臣子,都是这一类的人。

鲁丹三说中山之君而不受也,因散五十金事其左右。复见,未语,而君与之食。鲁丹出,不反舍,遂去中山。其御曰:"及见,乃始善我,何故去之?"鲁丹曰:"夫以人言善我,必以人言罪我。"未出境,而公子恶之曰:"为赵来间。"中山君因索而罪之。

田伯鼎好士而存其君,白公好士而乱荆①,其好士则同,其所以好士之为则异。公孙支自刖而尊百里②,竖刀自宫而谄桓公。其自刑则同,其所以自刑之为则异。慧子曰③:"狂者东走,逐者亦东走。其东走则同,其所以东走之为则异。故曰:同事之人,不可不审察也。"

①白公:即白公胜,春秋楚平王太子建之子,名胜,又称王孙胜。封于白,因以为姓。楚惠王十年,劫惠王,自立为王,败后自缢身死。

②刖(yuè):砍断脚。

③慧子:即惠施。

鲁丹多次游说中山国的国君，都不被接受，鲁丹于是发散五十金给国君身边的人。鲁丹再次拜见中山国国君时，还没说什么，国君就赐给他酒食。鲁丹出宫后，不返回住地，就离开了中山国。他的车夫说："刚刚与国君相见，才开始善待我们，为什么要离开呢？"鲁丹说："听了别人的话善待我，必定也会因别人的话治罪于我。"鲁丹还未出中山国境，中山国的公子就诬陷他说："鲁丹是赵国派来的间谍。"中山国国君于是四处抓捕鲁丹，要治他的罪。

　　田伯鼎喜欢收养下层的侠士，因而保全了他的君主，白公胜也喜欢收养下层的侠士，但却扰乱了楚国的社会。他们喜欢侠士是相同的，可是他们喜欢侠士的目的却是不同的。公孙支砍掉自己的脚来推荐百里奚，竖刀自己阉割去讨好齐桓公。他们自残身体是相同的，可是自残的目的却是不同的。惠施说："发疯的人向东跑，追他的人也向东跑。他们都向东跑是相同的，可是他们向东跑的目的却不相同。所以说，对做相同事情的人，不可不审察其做事的目的。"

◎ 说林下

题解

本篇承接上篇，举例说明主题。其中的"伯乐教人相马"、"刻削之道"、"管仲论富"等，无不充满哲理与智慧。

原文

伯乐教二人相踶马①，相与之简子厩观马②。一人举踶马，其一人从后而循之，三抚其尻而马不踶③，此自以为失相。其一人曰："子非失相也。此其为马也，踒肩而肿膝④。夫踶马也者，举后而任前，肿膝不可任也，故后不举。子巧于相踶马而拙于任肿膝。"夫事有所必归，而以有所肿膝而不任，智者之所独知也。惠子曰："置猿于柙中⑤，则与豚同。"故势不便，非所以逞能也。

卫将军文子见曾子，曾子不起，而延于坐席，正身见于奥⑥。文子谓其御曰："曾子，愚人也哉！以我为君子也，君子安可毋敬也？以我为暴人也，暴人安可侮也？曾子不僇⑦，命也。"

鸟有翢翢者⑧，重首而屈尾，将欲饮于河，则必颠，乃衔其羽而饮之。人之所有饮不足者，不可不索其羽也。

①伯乐：古代善于相马和驾驭马的人。 踶(dì)：踢。
②简子：即赵简子，名赵鞅。春秋末年晋国正卿。在晋卿内讧中打败范氏、中行氏，奠定了建立赵国的基础。
③尻(kāo)：屁股。
④踒(wō)：肢体猛折致使受伤。
⑤柙(xiá)：关野兽的木笼。
⑥奥：居室的西南角，是尊位。
⑦僇：通"戮"，杀戮。
⑧翢翢(zhōuzhōu)：一种鸟。

伯乐教两个人来识别惯于踢人的烈马，于是与这两个人相跟着来到晋国贵族赵简子的马棚中观察马。其中一人挑选了一匹踢人的马，另一个人从后往前抚摸马,多次摸马的屁股,可是马却不踢人。挑选马的人还以为自己选错了。另一个人说:"你并未选错马。这匹烈马前肩受了伤而且膝部肿大。踶马若踢人,必须举起后腿,而用前腿支撑全身的重量,如今这匹马膝盖肿大不能支撑全身,所以后腿抬不起来。你很会识别踶马,但对膝盖肿大无法支撑全身这一点却不太了解。"凡事总有它固有的规律,那马因膝盖肿大而不能支撑全身,于是便不能踢人,这一点只有聪明的人能了解。惠施说:"将猿猴圈在兽栏中,它就会具有小猪的习性。"所以如果形势不利,就没有施展才能的机会。

卫国的将军文子去拜见曾子,曾子不但不起身相迎,反而端坐于居室西南角的尊位上。文子对他的车夫说:"曾子,真是个愚蠢的人!如果他认为我是个君子,对君子哪能不敬重?如果他认为我是个残暴的人,对待残暴的人怎可侮辱?曾子不被杀戮,靠的是他的命好。"

有一种鸟,名字叫翾翾,它长得头部沉重而尾巴弯曲,想在河边喝水,一定会栽入水中,于是它就让同伴衔住它的羽毛,再去喝水。人如果有想"喝水"而喝不到的时候,不可不像翾翾鸟一样,寻找那衔羽毛的同伴。

鳣似蛇①,蚕似蠋②,人见蛇则惊骇,见蠋则毛起。渔者持鳣,妇人拾蚕,利之所在,皆为贲诸③。

伯乐教其所憎者相千里之马,教其所爱者相驽马。以千里之马时一有,其利缓;驽马日售,其利急。此《周书》所谓"下言而上用"者,惑也。

桓赫曰:"刻削之道④,鼻莫如大,目莫如小。鼻大可小,小不可大也;目小可大,大不可小也。"举事亦然。为其后可复者⑤,则事寡败矣。

崇侯、恶来知不适纣之诛也,而不见武王之灭之也。比干、子胥知其君之必亡也,而不知身之死也。故曰:崇侯、恶来知心而不知事,比干、子胥知事而不知心。圣人其备矣。

①鳣(shàn):同"鳝",黄鳝。
②蠋(zhú):鳞翅目昆虫的幼虫,青色,似蚕,大如手指。
③贲(bēn)诸:孟贲和专诸,战国时的著名勇士。
④道:规律,诀窍。
⑤可复:可以补救。

黄鳝形似蛇，蚕酷像毛毛虫。人们见到蛇就惊慌失措，见到毛毛虫就毛骨悚然。可是渔人捕捉黄鳝，妇女们手捉蚕虫，竟一点儿也不害怕。人们为了得到利益，都能像孟贲和专诸一样勇敢。

伯乐教他所讨厌的人如何识别千里马，教他所喜爱的人如何识别劣马。因为千里马偶尔才会碰上一匹，相马者从中得到利益的速度非常缓慢；可是劣等的马每天都在买卖，相马者可以非常快捷地从中得到利益。这就是《周书》中所说的"下等的言论却有上等的用途"吧，但它实在是一种迷惑。

桓赫说："雕刻的秘诀是，要刻鼻子，不如先刻得大些；要刻眼睛，不如先刻得小些。因为鼻子大了，还可以改小，而如果一开始就小了，则不能再增大；眼睛小了，还可以改大，而如果一开始就大了，则不能再缩小。"做事情也是同样的道理。一件事若事后还可补救，那么这样的事很少做不成。

商纣王的大臣崇侯和恶来只知道如果不顺从商纣王，就会被诛杀，而预见不到周武王会灭掉商纣。商纣王的叔父比干、吴王的忠臣伍子胥只知道他们的君主必定会灭亡，但却预料不到自身会被暴君杀死。所以说，崇侯和恶来只知道君王的心事却不知道天下兴亡的大事，比干、伍子胥只知道天下兴亡的大事，却不知道君王的心事。只有圣明的人才能同时知道君王的心事与天下的大事。

宋太宰贵而主断。季子将见宋君，梁子闻之曰："语必可与太宰三坐乎①，不然，将不免。"季子因说以贵生而轻国。

杨朱之弟杨布衣素衣而出。天雨，解素衣，衣缁衣而反②，其狗不知而吠之。杨布怒，将击之。杨朱曰："子毋击也，子亦犹是。曩者使女狗白而往③，黑而来，子岂能毋怪哉？"

惠子曰："羿执决持捍④，操弓关机，越人争为持的⑤；弱子扞弓⑥，慈母入室闭户。故曰：可必，则越人不疑羿；不可必，则慈母逃弱子。"

①三坐：三个人同时在座，指季子、太宰和宋君。

②反：通"返"，返回。

③曩(nǎng)者：从前，先前。

④决：通"抉"，即扳指，古代射箭时套在右手大拇指上的象骨套子，作为钩弦时保护手指之用。　捍：古代射者所着的一种皮质袖套。

⑤的：箭靶子。

⑥扞(yū)弓：拉弓。

宋国的太宰地位尊贵且独断专行。季子将要去拜见宋国国君,梁子听说后,对季子说:"你所说的话,一定得是太宰、宋君和你三人同时在座所能说的话,否则的话,免不了要有祸患。"季子于是说了些希望君主保重贵体、少操劳国事之类的话。

杨朱的弟弟杨布穿着白色的衣服出去。天忽然下起了雨,杨布便脱掉白色的衣服,穿着黑衣服返回家。杨布家的狗不认识主人而吠叫。杨布很生气,准备打狗,杨朱说:"你不要打狗。这件事换成你也一样。假若先前让你放一只白色的狗出去,却回来一只黑狗,你岂能不奇怪?"

惠施说:"后羿手拿扳指,穿上射箭专用的袖套,拿起弓,牵动弓箭的扳机,越国人抢着为他拿箭靶;但如果一个小孩子引弓射箭,即使是他的亲生母亲也会吓得藏进屋子,关上门户。所以说,一定能射中靶心,即使是偏远之地的越国人也不怀疑后羿;不一定能射中靶心,即使是小孩的慈母也会避开儿子。"

桓公问管仲:"富有涯乎?"答曰:"水之以涯①,其无水者也;富之以涯,其富已足者也。人不能自止于足而亡,其富之涯乎!"

宋之富贾有监止子者,与人争买百金之璞玉,因佯失而毁之,负其百金②,而理其毁瑕得千镒焉③。事有举之而有败,而贤其毋举之者,负之时也④。

有欲以御见荆王者,众驺妒之⑤。因曰:"臣能撽鹿⑥。"见王。王为御,不及鹿;自御,及之。王善其御也,乃言众驺妒之。

①以涯:即"有涯"。
②负:赔偿。
③镒(yì):古代重量单位,一镒等于二十两或二十四两,一镒为一金。
④时:孙楷第说"时"当训为"是"。是,即"这"。
⑤驺(zōu):古代掌管马匹、驾车的官员。
⑥撽(qiào):旁击。

齐桓公问管仲:"富贵有边界吗?"管仲回答道:"水的边界,就是没有水的地方;富贵的边界,就是富贵已达到满足的地步。人如果在满足时仍难以自制而走向死亡,那么死亡就是他富贵的边界。"

宋国有个富商,叫作监止子。他与别人争着购买一块价值百金的璞玉,为了得到这块玉石,监止子假装失手摔坏了玉石,于是赔偿给卖主百金。之后监止子修补好摔坏的痕迹,竟将玉石卖了一千金。凡事有时准备去做却先要破坏它,可这种破坏又比不去做要好,监止子先赔偿后狠赚这件事,就是如此。

有个想凭借驾车技术求见楚王的人,楚王众多的车马官都嫉妒他。这个人便说:"为臣我能驾车猎鹿。"这才见到了楚王。楚王驾车,追不上鹿;这个人驾车,追上了鹿。楚王赞赏他的驾车技术,这时他才说出众车马官都嫉妒他。

荆令公子将伐陈①。丈人送之曰:"晋强,不可不慎也。"公子曰:"丈人奚忧?吾为丈人破晋。"丈人曰:"可。吾方庐陈南门之外。"公子曰:"是何也?"曰:"我笑勾践也。为人之如是其易也,己独何为密密十年难乎②?"

尧以天下让许由,许由逃之,舍于家人,家人藏其皮冠。夫弃天下而家人藏其皮冠,是不知许由者也。

三虱食彘③,相与讼。一虱过之,曰:"讼者奚说?"三虱曰:"争肥饶之地。"一虱曰:"若亦不患腊之至而茅之燥耳,若又奚患?"于是乃相与聚嘬其身而食之。彘臞④,人乃弗杀。

①将(jiàng):率兵出征。
②密密:即黾(mǐn)勉,勤奋,努力。
③彘(zhì):猪。
④臞(qú):瘦弱。

楚王命令公子率兵讨伐陈国。一位老人给公子送行,说:"晋国强大,一定会救助陈国,不可不谨慎从事。"公子说:"老人家为什么担忧呢?让我替您攻下晋国好让您知道我的厉害。"老人说:"可以啊。我正在陈国的南门外搭建一间小房子。"公子说:"这又是为什么?"老人说:"我要取笑勾践。做人做事如果像你所说的这样容易,他自己为什么还要勤勤恳恳地用十年的时间卧薪尝胆呢?"

尧准备将天下让给许由来治理,许由不想接受,便逃走了。途中住在一户百姓家中,这家人为了防备许由,竟将家中的皮帽子收藏了起来。许由连治理天下的机会都放弃了,可这户老百姓却为了防备他而藏起了皮帽子,那是因为他们不了解许由啊。

三只虱子在猪身上吸血,相互争吵起来。另外一只虱子路过,问:"你们在争吵什么？"三只虱子说："我们在争夺猪身上最肥美的地方。"这只虱子说："你们不担忧腊祭就要到了，人们将会杀猪祭祀并用茅草将你们烧死，却担忧争抢不到猪身上最肥美的地方吗！"三只虱子于是停止争吵，共同吸食猪身上的血。结果这头猪越来越瘦，腊祭那天，主人没有杀这头猪。

原文

虫有虺者①，一身两口，争食相龁②，遂相杀也。人臣之争事而亡其国者，皆虺类也。

宫有垩③，器有涤，则洁矣。行身亦然，无涤垩之地则寡非矣。

公子纠将为乱，桓公使使者视之。使者报曰："笑不乐，视不见，必为乱。"乃使鲁人杀之。

公孙弘断发而为越王骑，公孙喜使人绝之，曰："吾不与子为昆弟矣。"公孙弘曰："我断发，子断颈而为人用兵，我将谓子何？"周南之战，公孙喜死焉。

有与悍者邻，欲卖宅而避之。人曰："是其贯将满矣，子姑待之。"答曰："吾恐其以我满贯也。"遂去之。故曰：物之几者④，非所靡也⑤。

①虺(huǐ)：毒蛇，毒虫。
②龁(hé)：咬。
③垩(è)：用来刷墙的白粉。
④几：危险。
⑤靡：延缓，拖沓。

有一种叫作虺的毒蛇，身上长有两张嘴，因为争抢食物而撕咬，于是自己把自己杀死了。大臣们因为争夺权势而导致国家灭亡的，都是虺一类的东西。

宫墙用白粉加以粉刷，器皿用水加以洗涤，就会显得干净。人的自身也是如此，如果没有需要粉刷、需要洗涤的地方，那么过错就很少了。

齐国的公子纠准备作乱，齐桓公派一个使者监视他。使者回来后报告说："公子纠虽然在发笑，可脸上没有快乐的表情；眼睛虽然在看，可是视而不见；他心不在焉，一定会发动叛乱。"齐桓公于是派鲁国人将他杀掉。

公孙弘剪断头发，做了越王的骑士，公孙喜派人去与他断绝关系，说："我不再与你是兄弟关系。"公孙弘说："我只不过是遵循越国的风俗，剪断了自己的头发，可是你却不顾被人割断脖子的危险，为别人领兵征战，我将对你说些什么呢？"在周南之战中,公孙喜果然死在战场上。

有一个人,与凶悍的人为邻居,想卖掉住宅避开他。别人说:"他快到恶贯满盈的时候了,你姑且再等一等。"这个人回答道:"我就是担心他害了我才能恶贯满盈。"于是果断地搬走了。所以说:事情到了危险的地步,就不能再让它拖延下去了。

【原文】

孔子谓弟子曰:"孰能导子西之钓名也?"子贡曰:"赐也能。"乃导之不复疑也。曰:"宽哉,不被于利①;洁哉,民性有恒。曲为曲,直为直。"孔子曰:"子西不免。"白公之难②,子西死焉。故曰:直于行者曲于欲。

晋中行文子出亡③,过于县邑。从者曰:"此啬夫④,公之故人。公奚不休舍,且待后车?"文子曰:"吾尝好音,此人遗我鸣琴;吾好珮,此人遗我玉环——是振我过者也。以求容于我者,吾恐其以我求容于人也。"乃去之。果收文子后车二乘,而献之其君矣。

周趡谓宫他曰:"为我谓齐王曰:'以齐资我于魏,请以魏事王。'"宫他曰:"不可。是示之无魏也。齐王必不资于无魏者,而以怨有魏者。公不如曰:'以王之所欲,臣请以魏听王。'齐王必以公为有魏也,必因公。是公有齐也,因以齐有魏矣。"

① 被:此处的意思是蒙蔽。
② 白公:即白公胜。楚惠王十年,劫惠王,自立为王,败后自缢身死。"白公之难"当指这次叛乱。
③ 中行(háng):即中行氏,晋国六卿之一。
④ 啬夫:古代官名。

孔子对他的弟子们说:"谁能劝导子西去追逐名利?"子贡说:"我可以。"子贡于是一心一意劝导子西。子西说:"胸怀宽广啊,就不会被利益所蒙蔽;品行高洁啊,人固有的本性是不会改变的。弯曲的就是弯曲的,正直的就是正直的。"孔子说:"子西这样固执,将免不了灾祸。"在白公胜所发动的叛乱中,子西果然被杀死。所以说:品行正直的人,他的欲望就会被抑制。

晋国的中行文子逃出本国,路过一个县城。他的随从说:"本地的啬夫,是您的老相识。您何不在他这里休息一下,以便等待后面的车驾?"文子说:"我当初喜欢音乐,这个人就送给我一架音质优美的琴;我喜欢衣带上佩戴玉饰品,这个人就送给我玉环——这都是助长我的过失的行为。如今求他容纳我,我担心他将用我再去求别人容纳他。"于是果断离开。这个啬夫果然截留了中行文子后面的两辆车进献给了君王。

周趮(zào)对宫他说："请你替我对齐王说：'如果能用齐国的力量资助我在魏国取得权势，我就会用魏国的力量反过来侍奉齐王。'"宫他说："不能这样说。这样说就暴露了你在魏国无权无势。齐王一定不会资助一个在魏国无权无势的人，而去得罪在魏国有权势的人。你倒不如这样说：'依照大王所要求的，为臣我请求让魏国听从大王的安排。'这样，齐王一定认为你在魏国有权势，必定会照你的要求去做。如此，你就既操纵了齐国，又可凭借在齐国的势力去控制魏国。"

【原文】

白圭谓宋令尹曰："君长，自知政，公无事矣。今君少主也，而务名，不如令荆贺君之孝也，则君不夺公位，而大敬重公，则公常用宋矣。"

管仲、鲍叔相谓曰："君乱甚矣，必失国。齐国之诸公子其可辅者，非公子纠，则小白也。与子人事一人焉，先达者相收。"管仲乃从公子纠，鲍叔从小白。国人果弑君。小白先入为君，鲁人拘管仲而效之，鲍叔言而相之。故谚曰："巫咸虽善祝，不能自祓也①；秦医虽善除②，不能自弹也③。"以管仲之圣而待鲍叔之助，此鄙谚所谓"庑自卖裘而不售，士自誉辩而不信"者也。

【注释】

①祓(fú)：古代用迷信的仪式除灾去邪。
②秦医：即扁鹊。
③弹：这里指用针砭治病。

【译文】

白圭对宋国的令尹说："君王长大成人之后，就知道自己执掌政权了，您便无事可干了。如今君主年纪幼小，而且追求名声，您不如让楚国来祝贺、赞美君主的孝顺，君主孝顺太后，太后对您也错不了，这样君主便不会夺走您的官位，反而会加倍敬重您，那么您就可以在宋国永远执政了。"

管仲、鲍叔牙互相商议道："君主昏庸到极点了，必定会丧失国家政权。齐桓公的各位公子当中，能够辅佐其称王的，不是公子纠，就是公子小白。我与你各侍奉一位，谁先成功，就提携另一个。"管仲于是辅佐公子纠，鲍叔牙辅佐公子小白。没过多久，齐国人果然杀死了昏庸的国君。公子小白先行回到齐国当了国君，鲁国人拘押着管仲献给齐国。鲍叔牙极力推荐管仲，管仲最终当了齐国的宰相。所以民间有俗话说："巫咸虽然善于祷告，却不能用祷告为自己除去灾难；扁鹊虽然善于治病，却不能为自己扎针治病。"凭管仲的圣明还得依靠鲍叔牙的帮助，这正印证了那句俗话："奴隶自己卖皮裘，必定出不了手；士人自己称颂自己口才好，必定不为人相信。"

[原文]

荆王伐吴，吴使沮卫、蹶融犒于荆师，荆将军曰："缚之，杀以衅鼓。"问之曰："汝来，卜乎？"答曰："卜。""卜吉乎？"曰："吉。"荆人曰："今荆将以女衅鼓，其何也？"答曰："是故其所以吉也。吴使臣来也，固视将军。将军怒，将深沟高垒；将军不怒，将懈怠。今也将军杀臣，则吴必警守矣。且国之卜，非为一臣。夫杀一臣而存一国，其不言吉，何也？且死者无知，则以臣衅鼓无益也；死者有知也，臣将当战之时，臣使鼓不鸣。"荆人因不杀也。

知伯将伐仇由，而道难不通，乃铸大钟遗仇由之君。仇由之君大说①，除道将内之②。赤章曼枝曰："不可。此小之所以事大也，而今也大以来，卒必随之，不可内也。"仇由之君不听，遂内之。赤章曼枝因断毂而驱，至于齐，七月而仇由亡矣。

[注释]

①说：同"悦"，高兴。
②内：同"纳"，接纳。

[译文]

楚王派兵攻打吴国，吴王派遣沮卫、蹶融到楚军中犒劳。楚军的将军说："把他们捆起来，杀后祭鼓。"楚人问他们："你们来之时，可曾占过卦？"回答说："占过。"又问："占卦的结果是吉利吗？"回答说："吉利。"楚人又说："如今楚军要用你们祭鼓，怎么算吉利呢？"回答说："这正是占卦吉利的原因之所在。吴国派遣我们来，本意是观察将军的。将军如果发怒，我们就挖深沟，筑高垒；将军如果不发怒，吴国就会有所懈怠。如今将军若杀掉我们，吴国就一定会提高警惕，全力防守。再说一个国家占卜，不是为一个臣子占卜是否吉祥。如果杀死一个臣子而能保全一国，这不叫吉利，还叫什么？况且如果死去的人没有了知觉，那么用我们祭鼓就毫无意义；如果死去的人有知觉，那么在作战之时，我们就让鼓擂不响。"楚国人便没有杀他们。

智伯准备讨伐仇由国，可是苦于道路艰险，交通不便，于是铸了一口大钟，送给仇由国君。仇由国的君主很高兴，就修筑道路准备接受这口大钟。赤章曼枝说："不行。送钟本来是小国侍奉大国的行为，现在大国却反过来给小国送钟，部队必定会尾随而来，所以不可接受这口钟。"仇由国的国君不听劝阻，收下了这口钟。

赤章曼枝于是截短车毂,使车加速前进,一路逃到齐国。七个月之后,仇由国便灭亡了。

越已胜吴,又索卒于荆而攻晋。左史倚相谓荆王曰:"夫越破吴,豪士死,锐卒尽,大甲伤①。今又索卒以攻晋,示我不病也。不如起师与分吴。"荆王曰:"善。"因起师而从越②。越王怒,将击之。大夫种曰:"不可!吾豪士尽,大甲伤。我与战,必不克,不如赂之。"乃割露山之阴五百里以赂之。

荆伐陈,吴救之,军间三十里。雨十日,夜星。左史倚相谓子期曰:"雨十日,甲辑而兵聚。吴人必至,不如备之。"乃为陈③。陈未成也而吴人至,见荆陈而反。左史曰:"吴反覆六十里,其君子必休,小人必食。我行三十里击之,必可败也。"乃从之,遂破吴军。

①大甲:能遮蔽全身的铠甲。
②从:追击。
③陈:古"阵"字。为阵,即摆好阵势。

越国战胜吴国之后,又向楚国索要士卒准备攻打晋国。楚国的左史倚相对楚王说:"那越国在攻破吴国的过程中,勇敢的人大都战死沙场,精锐的部队损失殆尽,遮蔽全身的铠甲等装备也多有损伤。如今又向我们索要部队去攻打晋国,分明是向我们显示他们还有余力。我们倒不如起兵与越国瓜分吴国。"楚王说:"好吧。"于是发兵追击越军。越王很是气恼,准备回击楚兵,大夫文种却说:"不可以这样做。我们的勇敢之士大都战死,铠甲等装备也多有损伤。我们现在与楚国交战,一定不能取胜,倒不如贿赂他们。"于是割让露山北面五百里的土地送给楚国。

楚国讨伐陈国,吴国赶来救助,吴、楚两军之间相距三十里。雨连续下了十天十夜后,晚上放晴了。楚国的左史倚相对子期说:"连续下了十天的雨,铠甲和兵器收拢在一起,战士尚未准备好,吴国人必定会来袭击我们,不如准备一下。"于是摆开作战的阵势。阵势还未摆好,吴国人就来了,当看到楚国人的阵势后又返回去了。倚相说:"吴军来回走了六十里路,他们的长官一定在休息,士兵一定在吃饭。我们行军三十里去攻击他们,必定能打败他们。"子期于是追击吴军,并战胜了吴国的军队。

【原文】

韩、赵相与为难。韩索兵于魏,曰:"愿借师以伐赵。"魏文侯曰:"寡人与赵兄弟,不可以从。"赵又索兵攻韩,文侯曰:"寡人与韩兄弟,不敢从。"二国不得兵,怒而反。已乃知文侯以构于己①,乃皆朝魏。

齐伐鲁,索谗鼎,鲁以其赝往②。齐人曰:"赝也。"鲁人曰:"真也。"齐曰:"使乐正子春来,吾将听之。"鲁君请乐正子春,乐正子春曰:"胡不以其真往也?"君曰:"我爱之。"答曰:"臣亦爱臣之信。"

韩咎立为君,未定也。弟在周,周欲重之,而恐韩咎不立也。綦毋恢曰:"不若以车百乘送之。得立,因曰'为戒';不立,则曰'来效贼'也③。"

【注释】

①构:和解。
②赝:即"赝",假的。
③效:致,献。

【译文】

韩赵两国相互作对。韩国向魏国借兵,说:"请求借贵国的部队攻伐赵国。"魏文侯说:"我与赵国本为同姓兄弟,不能从命。"赵国又向魏国借兵攻打韩国,魏文侯说:"我与韩国本为同姓兄弟,不能从命。"韩、赵二国没有借到部队,都愤怒地返回去了。不久才知道魏文侯是用这种方法使他们两国和解,于是都去朝拜魏国国君。

齐国攻伐鲁国,向鲁国索要谗鼎。鲁国便拿了一个假的送给齐国。齐国人说:"这是假的。"鲁国人说:"是真的。"齐国人说:"让乐正子春来验证,我们就相信你。"鲁国国君请乐正子春去一趟齐国,乐正子春说:"为什么不将真的送去呢?"鲁国国君说:"我十分爱惜它,舍不得。"乐正子春回答道:"我也很爱惜我的信誉。"

韩国公子韩咎将被立为国君,可是尚未最后定下来。韩咎的弟弟在周国,周国国君想器重韩咎的弟弟从而来讨好韩国,可是又担心韩咎当不上国君。大臣綦毋恢说:"不如用一百辆车送他回韩国。韩咎立为君,就说'送他回来并用兵车为他警戒';韩咎当不上君主,便沦为韩国的反贼,这时就说'用兵车将反贼的弟弟献给韩国'。"

【原文】

靖郭君将城薛①,客多以谏者。靖郭君谓谒者曰:"毋为客通。"齐人有请见者曰："臣请三言而已。过三言，臣请烹。"靖郭君因见之。客趋进，曰："海大鱼。"因反走。靖郭君曰："请闻其说。"客曰："臣不敢以死为戏。"靖郭君曰："愿为寡人言之。"答曰："君闻大鱼乎？网不能止，缴不能牵也②，荡而失水，蝼蚁得意焉。今夫齐，亦君之海也。君长有齐，奚以薛为？君失齐，虽隆薛城至于天，犹无益也。"靖郭君曰："善。"乃辍，不城薛。

荆王弟在秦，秦不出也。中射之士曰③："资臣百金，臣能出之。"因载百金之晋，见叔向曰："荆王弟在秦，秦不出也。请以百金委叔向。"叔向受金，而以见之晋平公，曰："可以城壶丘矣。"平公曰："何也？"对曰："荆王弟在秦，秦不出也，是秦恶荆也，必不敢禁我城壶丘。若禁之，我曰：'为我出荆王之弟，吾不城也。'彼如出之，可以德荆④；彼不出，是卒恶也，必不敢禁我城壶丘矣。"公曰："善。"乃城壶丘，谓秦公曰："为我出荆王之弟，吾不城也。"秦因出之。荆王大说，以炼金百镒遗晋⑤。

①城薛：在薛这个地方筑城。
②缴(zhuó)：系在箭上的生丝绳。　绁(guà)：绊住。
③中射之士：宫廷侍卫。
④德：感激，此处是使动用法。
⑤炼金：纯金。

靖郭君田婴想在薛地筑城，门客中很多人都前来劝谏。靖郭君对主管通报的人说："不要替门客通报。"有一个请求接见的齐国人说："为臣我只请求说三个字，如果超过三个字，就请将我煮了。"靖郭君于是接见了他。这个门客小步快走进来说："海大鱼。"说完之后转身就跑。靖郭君说："请让我听听你的见解。"门客说："为臣我可不敢将死亡当儿戏。"靖郭君说："请你为我详细说明。"这个门客回答道："您听说过海中的大鱼吗？渔网捕捉不住它，带丝绳的箭绊不住它，可是当它到处乱游离开了海水，蝼蛄和蚂蚁都敢在它身上为所欲为。如今的齐国，也犹如您的大海，您长久地掌握齐国的大权，还要薛地干什么？如果您失去了齐国，即使将薛地的城修筑得如天一般高，也还是没什么好处啊。"靖郭君说："说得好。"于是就停止行动不再在薛地筑城。

楚王的弟弟被扣押在秦国，秦国不放他出来。楚王的宫廷侍卫说："资助我百金，我能让他回来。"于是带上百金来到晋国，拜见叔向后，说："楚王的弟弟在秦国，秦国不放他出来。我将这百金留给您，委托您办理这件事。"叔向接受了金子，带侍卫去见晋平公，说："我们可以在壶丘修筑城堡了。"晋平公说："为什么呢？"叔向回答说："楚王的弟弟在秦国，秦国不放他回去，这说明秦国怨恨楚国，为避免树敌太多，必不敢禁止我们在壶丘修筑城堡。秦国如果禁止，我们就说：'将楚王的弟弟放回，我们就不筑城。'秦国人若放回楚王之弟，我们就能让楚国感激不尽；秦国人若不放回楚王之弟，就说明他们始终怨恨楚国，必定不敢禁止我们在壶丘筑城。"晋平公说："好吧。"于是就在壶丘修筑城堡，并对秦景公说："给我把楚王的弟弟放回去，我们就不在此地筑城了。"秦国无可奈何，只好将楚王之弟放回。楚王异常高兴，将百镒纯金赠送给晋国。

阖庐攻郢，战三胜，问子胥曰："可以退乎？"子胥对曰："溺人者，一饮而止，则无遂者，以其不休也。不如乘之以沉之。"

郑人有一子，将宦，谓其家曰："必筑坏墙，是不善①，人将窃。"其巷人亦云。不时筑，而人果窃之。以其子为智，以巷人告者为盗。

【注释】

①善：即修缮。

吴王阖庐攻打楚国的郢都，连续打了三次胜仗，于是就问伍子胥说："可以撤退了吗？"伍子胥回答道："要想淹死别人却只让他喝一口水就停止，那是达不到目的的，因为他还未停止呼吸。对付楚国，不如乘胜追击，将它沉到水底。"

郑国一个人有个儿子，将要出去做官，临行前对他的家人说："一定得把坍塌的墙修缮好，不修好就会有人来偷盗东西。"他家同一巷子的邻居也这样说。家中的人未及时将墙修补好，果然被人偷走了东西。这个郑国人却认为他的儿子很明智，而认为那个说同样话的邻居是盗贼。

◎ 观 行

题解

观行即观察行动。全文论述了观察自己、观察他人的准则。

原文

古之人目短于自见,故以镜观面;智短于自知,故以道正己。故镜无见疵之罪,道无明过之恶。目失镜则无以正须眉;身失道则无以知迷惑。西门豹之性急①,故佩韦以自缓②;董安于之心缓③,故佩弦以自急。故以有馀补不足,以长续短之谓明主。

①西门豹:魏文侯时的大臣,曾为邺令,声闻天下。
②韦:去毛后熟治的皮革,即柔皮。
③董安于:春秋末期晋国人,晋卿赵鞅之家臣。

古代的人因为自己的眼睛看不到自己,所以就用镜子来照面容;因为智力还达不到发觉自身过错的程度,所以就用各种法则来使自己品行端正。所以说镜子不应该有显现瑕疵的罪过,法则也没有彰明过失的恶意。有眼睛而没有了镜子,就无法修饰自己的胡须眉毛;立身处世若失去法则,就无法知道是否迷惑。西门豹的性子很急躁,因而佩戴柔软的熟牛皮令自己从容镇静;董安于本性舒缓,因而佩戴绷紧的弓弦令自己雷厉风行。所以说,能用多余的去弥补不足的,用长的去续短的,就可以称为明智的君主。

原文

天下有信数三①:一曰智有所不能立,二曰力有所不能举,三曰强有所不能胜。故虽有尧之智,而无众人之助,大功不立;有乌获之劲②,而不得人助,不能自举;有贲、育之强③,而无法术,不得长生。故势有不可得,事有不可成。故乌获轻千钧而重其身,非其身重于千钧也,势不便也。离朱易百步而难眉睫④,非百步近而眉睫远也,道不可也⑤。故明主不穷乌获,以其不能自举;不困离朱,以其不能自见。因可势,求易道,故用力寡而功名立。时有满虚,事有利害,物有生死,人主为三者发喜怒之色,则金石之士离心焉,圣贤之测浅深矣。故明主观人,不使人观己。明于尧不能独成,乌获之不能自举,贲、育之不能自胜,以法术,则观行之道毕矣。

①信数:必然规律。
②乌获:战国时秦国的大力士。
③贲(bēn)、育:即孟贲和夏育,皆为古代勇士。
④离朱:古代视力特别好的一个人,传说他能于百步之外,见秋毫之末。
⑤道:客观规律。

　　天下有三个必然规律:一是智慧再高,也总是有做不成的事;二是力气再大,也总有举不起的东西;三是力量再强也有战胜不了的对手。所以即使具有尧的智慧,但若没有众人的帮助,也不能建立大的功勋;即使有大力士乌获那样的力气,但若没有众人的帮助,也不能自己将自己举起;即使有孟贲、夏育一样的勇猛,但若不以法术为原则,还是不能永远获胜。所以说客观条件有达不到的时候,事情就有办不成的可能。因此,乌获能将千钧之重轻松地举起,但却举不起他自己,并非他自身比千钧还重,而是客观条件不允许。离朱能将百步之外的秋毫之末都看得一清二楚,可是却难以看到自己的眉毛、睫毛,并非百步近而眉毛、睫毛远,而是自然的法则不允许。所以,英明的君主不因为乌获举不起自己就使他困顿,不因为离朱看不见自己的眉毛、睫毛而使他窘迫。依靠可能成功的客观条件,去探求易于取胜的法则,因而用力少却能建立功业。时运有盛有衰,事情有利有弊,万物有生有死,人主如果因为这三种客观规律而表现出高兴或愤怒的脸色,并且去苛求臣下,那么即使是坚如金石的忠贞之士也会离心离德的,因为圣贤之人已从君主的高兴或愤怒中推测出君主的好坏了。所以贤明的君主观察他人,而不让他人观察自己。明白了尧不能靠他一个人的智慧成功,乌获不能将自己举起,孟贲、夏育不能光凭自己取胜的道理,再遵循自然的法术,那么观察臣下行为的方法就具备了。

◎用　人

【题解】

"用人"即使用臣下。本篇着重阐述了君主使用臣下时的基本准则,如"循天顺人"、"守法术"、"明赏罚"等。

【原文】

闻古之善用人者,必循天顺人而明赏罚。循天,则用力寡而功立;顺人,则刑罚省而令行;明赏罚,则伯夷、盗跖不乱①。如此,则白黑分矣。治国之臣,效功于国以履位,见能于官以受职,尽力于权衡以任事②。人臣皆宜其能,胜其官,轻其任,而莫怀馀力于心,莫负兼官之责于君。故内无伏怨之乱,外无马服之患③。明君使事不相干,故莫讼;使士不兼官,故技长;使人不同功,故莫争。争讼止,技长立,则强弱不觳力④,冰炭不合形。天下莫得相伤,治之至也。

释法术而任心治,尧不能正一国;去规矩而妄意度,奚仲不能成一轮⑤;废尺寸而差短长⑥,王尔不能半中⑦。使中主守法术,拙匠执规矩尺寸,则万不失矣。君人者能去贤巧之所不能,守中拙之所万不失,则人力尽而功名立。

①伯夷:商末孤竹君长子。武王伐纣,他与弟弟叔齐劝谏。武王灭商后,他们隐居首阳山,耻食周粟,最后饿死。　盗跖(zhí):春秋战国之际人,本名跖,"盗"是旧时对他的诬称。

②权衡:权的本意是秤锤,衡的本意是秤杆,这里的权衡比喻法度。

③马服:即马服子赵括(?~前260),战国时赵将,马服君赵奢之子。空谈其父所传兵法而无实战经验,指挥长平之战,结果大败。

④觳:通"角",角斗。

⑤奚仲:传说中车的发明者。

⑥差(cī):区别,较量。

⑦王尔:古代的能工巧匠。　中(zhòng):符合。

我听说古代善于使用臣子的人,必定是遵循自然规律,顺应民心并且赏罚分明。遵循自然规律,就能用很小的力量去建立功业;顺应民心,就能减免刑罚而令行禁止；赏罚分明，就能令伯夷之类的高尚者与盗跖之流的贼人截然分开。如此一来，是是非非便白黑分明了。管理国家的大臣，因为对国家有了贡献才获取官位，因为在官位上表现出才能而得到职务，因为在法度的规定之内尽了全力才担任职事。大臣们在合适的岗位上都发挥他们的才能，胜任他们的官位，轻松地完成任务，而不将剩余的精力私自保存，对君主也不负一身兼有二官的责任。这样，国内便没有臣民因私藏怨恨发生叛乱的危险，国外也没有马服子赵括纸上谈兵那样的祸患。英明的君主使臣民各自负责各自的事情，不相互干涉，因而没有争讼；使士人不一身兼二官，所以每个人都有一技之长；使老百姓发挥各自的作用，所以没有争斗。停止了争吵、争斗，人人都有一技之长，那么，强的和弱的就不会去较量，犹如冰水和火炭不再同时放入一个容器中而发生冲突一样。天下的人谁也不去伤害谁，这是治理国家的最高的境界。

抛开法术而凭君主的思想去处理政事，即使是尧那样的明主也不能治理好一个国家；摒弃圆规和尺子而凭感觉揣测，即使是车的发明者奚仲也不能制成一个车轮；废掉尺寸的度量而去区别短和长，即使是王尔那样的能工巧匠也不能说对一半。但如果让中等水平的君主坚守法术，让笨拙的工匠手握圆规、尺子等去工作，那么就会万无一失。为君主的若能抛弃贤巧的儒士所不能抛弃的，坚守中等水平的君主和拙匠所具有的万不失一的方法，那么人人都会竭尽全力，事事都会功成名就。

明主立可为之赏，设可避之罚。故贤者劝赏而不见子胥之祸①，不肖者少罪而不见伛剖背②，盲者处平而不遇深溪，愚者守静而不陷险危。如此，则上下之恩结矣。古之人曰："其心难知，喜怒难中也。"故以表示目③，以教语耳，以法教心。君人者释三易之数④，而行一难知之心⑤，如此，则怨积于上而怨积于下。以积怨而御积怨，则两危矣。明主之表易见，故约立；其教易知，故言用；其法易为，故令行。三者立而上无私心，则下得循法而治，望表而动，随绳而斫，因簦而缝。如此则上无私威之毒，而下无愚拙之诛。故上君明而少怒，下尽忠而少罪。

①劝赏：因为奖赏而受到激励。
②伛剖背：指驼背的人由于天生的畸形而被剖开背部。
③表：标志。
④数：道理。
⑤心：心计。

贤明的君主设立人民可以得到的奖赏,设置可以躲避的刑罚。所以贤能的人为奖赏所激励,便不会得到伍子胥那样的祸患;不贤能的人可以少犯罪,而不会遇上如驼背的人因天生的畸形而被剖开背部那样无辜受刑的事情;盲人处在平坦的地方就不会遇到深深的溪水;愚笨的人只要保持安静就不会陷入危险的境地。这样一来,君臣上下之间的恩情就建立起来了。古时候的人说:"人的心思最难知晓,人的喜怒最难猜中。"所以要用标志来提示眼睛,用教化告诉耳朵,用法令训导人心。统治人民的君主放弃这三种易于实施的措施,却去施行一种让人难以知晓的心计,如此一来,则上面的君主聚积了愤怒,下面的臣子聚积了怨气。用积聚的怒气去统治积聚的怨气,君臣上下都危险了。贤明君主的标志容易看清,所以他的约定可确立于人们的心中;他的教化容易了解,所以他的言论能为人们运用;他的法令容易实施,所以他能令行禁止。这三项确定而君主没有私心杂念,那么臣民就能够依法而治,望着标志行动,随着墨线的要求而削斫,拿着针线去缝补。这样,上面没有因滥用私人的威风而给人民造成的毒害,下面也没有因为愚笨而遭受处罚的事情发生。所以上面的君主处于明智的状态而很少发怒,下面的臣子竭尽忠诚而很少获罪。

夫人主不塞隙穴而劳力于赭垩①,暴雨疾风必坏。不去眉睫之祸而慕贲、育之死,不谨萧墙之患而固金城于远境②,不用近贤之谋而外结万乘之交于千里,飘风一旦起③,则贲、育不及救,而外交不及至,祸莫大于此。当今之世,为人主忠计者,必无使燕王说鲁人,无使近世慕贤于古,无思越人以救中国溺者。如此,则上下亲,内功立,外名成。

①赭垩(zhěè):红土和白土,涂墙的颜料,这里用如动词。
②萧墙:门屏,借指内部。
③飘风:此处指政治风暴。

译文

君主不去堵塞墙壁上的缝隙而一味在粉刷上下功夫,那么暴雨狂风一到,墙壁必定会损坏。如若不铲除眼前的祸患而一味想得到孟贲和夏育那样的勇士为自己卖命,不谨慎地防止内部的祸患而一味去修筑加固边境的城堡,不采纳附近贤士的智谋而一味地结交千里之外的万乘大国,那么政治风暴一旦掀起,则孟贲和夏育来不及救助,外面的同盟国家也一时赶不来,祸患没有比这更大的了。当今的世上，为君主忠心谋划的人，一定不要使自己的君主像燕王爱鲁国人那样去爱其他国家的人，也不要让近代的君主去仰慕古代的贤士，更不要谋划让善于游泳的越国人前来救助中原各国的落水者。如此一来，君臣上下能相互亲近，在国内可以建功立业，在国外可以成就威名。

◎ 内储说上·七术

题解

储说，积聚传说。积聚的这些传说都是君主的内谋，所以叫"内储说"。由于篇幅太长，用上、下分开。上篇的"七术"即七种政治手段。

一、众端参观①

原文

卫灵公之时，弥子瑕有宠②，专于卫国。侏儒有见公者，曰："臣之梦践矣。"公曰："何梦？"对曰："梦见灶，为见公也。"公怒曰："吾闻见人主者梦见日，奚为见寡人而梦见灶？"对曰："夫日兼烛天下，一物不能当也。人君兼烛一国，一人不能拥也。故将见人主者梦见日。夫灶，一人炀焉③，则后人无从见矣。今或者一人有炀君者乎？则臣虽梦见灶，不亦可乎？"

注释

①众端参观：这是第一种政治手段。端，头绪；参观，参验。意思是头绪众多，因而必须相互参验。
②弥子瑕：春秋时卫灵公的宠臣，曾伪托君命驾卫君车，又食桃而甘，以其半奉卫君。
③炀(yàng)：烘烤。

译文

卫灵公执政之时，弥子瑕被灵公所宠爱，在卫国独断专行。有个侏儒，见到卫灵公后，说："为臣我的梦应验了。"卫灵公说："什么梦？"侏儒回答说："我梦见了灶，预示着会见到您。"卫灵公生气地说："我听说将要见到君主的人会梦见看到太阳，为什么你将见到我却是梦见灶？"侏儒回答说："那太阳普照天下万物，一种东西是不能阻挡它的光辉的。人君的恩德普降一国之人，一个人是不能独自拥有的。所以将要见到人君的人会梦见太阳。而那灶，一个人在它前面烤火，后面的人便看不到它的火焰。如今或者有一人在您跟前烤火吧？那么为臣我即使梦见灶，不也是可以的吗？"

鲁哀公问于孔子曰:"鄙谚曰:莫众而迷。今寡人举事,与群臣虑之,而国愈乱,其故何也?"孔子对曰:"明主之问臣,一人知之,一人不知也。如是者,明主在上,君臣直议于下。今群臣无不一辞同轨乎季孙者①,举鲁国尽化为一,君虽问境内之人,犹不免于乱也。"

齐人有谓齐王曰:"河伯②,大神也。王何不试与之遇乎?臣请使王遇之。"乃为坛场大水之上,而与王立之焉。有间③,大鱼动,因曰:"此河伯。"

①季孙:指季康子,鲁国贵族。春秋末年,执政于鲁国。
②河伯:传说中的河神。
③有间:过了一会儿。

【译文】

鲁哀公向孔子请教,说:"民间的谚语说,办事不和众人商量,必定迷惑。现在我凡做什么事,总是与群臣协商,可是国家却越来越混乱,这是什么原因呢?"孔子回答道:"贤明的君主向臣下询问事情,有的人知道,有的人不知道。这样一来,贤明的君主在上面询问,众多的大臣在下面直率地议论,通过争论,使正确的意见确立从而不致迷惑。而如今的臣子们却没有一句话不与季孙氏一样,全鲁国都变成了一个人,您做事时即使与国境内所有的人商量,也好像只问了季孙一个人,所以仍然免不了混乱。"

齐国有一个人对齐王说:"河伯,是一位大神,大王您何不尝试与河伯见一面呢?为臣请求您允许我让大王您与河伯相见。"于是在黄河边上设立坛场,这个人与齐王立在那里。过了一会儿,有一条大鱼在水中游动,这个人便说:"这就是河伯。"

【原文】

张仪欲以秦、韩与魏之势伐齐、荆①,而惠施欲以齐、荆偃兵②。二人争之。群臣左右皆为张子言,而以攻齐、荆为利,而莫为惠子言。王果听张子,而以惠子言为不可。攻齐、荆事已定,惠子入见。王曰:"先生毋言矣。攻齐、荆之事果利矣,一国尽以为然。"惠子因说:"不可不察也。夫齐、荆之事也诚利,一国尽以为利,是何智者之众也?攻齐、荆之事诚不可利,一国尽以为利,何愚者之众也?凡谋者,疑也。疑也者,诚疑,以为可者半,以为不可者半。今一国尽以为可,是王亡半也。劫主者,固亡其半者也。"

①张仪(前?—前309):战国时魏国人,纵横家。相秦惠王,以连横之策说六国,使六国背纵约而共同事秦。
②惠施:战国时宋国人,名家代表人物之一。主张"合同异"说,认为一切事物的差别、对立都是相对的。

张仪想联合秦国、韩国与魏国的力量讨伐齐国和楚国,而惠施却想以齐国、楚国为魏国的外援,使魏国摆脱战争。二人争执不下。魏王的群臣及身边的人都替张仪说话,认为攻伐齐国、楚国有利,而不为惠施说话。魏王最终听从了张仪的建议,而认为惠施的主张不可行。攻伐齐国和楚国的事情定下来之后,惠施入宫求见魏王。魏王说:"先生不要讲了。攻伐齐国和楚国之事果然有利,全国的人都这样认为。"惠施于是说:"这件事不能不细察。攻打齐国、楚国的事若确实有利,而全国的人也都认为有利,为什么聪明的人会这么多呢?攻打齐国、楚国的事若确实不利,而全国的人却都认为有利,为什么愚蠢的人这么多呢?凡是谋划,都是有所怀疑的。所谓有所怀疑,就是认为可行的人占一半,认为不可行的人占一半。如今全国的人都认为可行,说明君主已没有敢于怀疑之人,已失去了一半之人。劫持君主的人,就是使君主失去敢持怀疑态度的这一半人的人啊。"

叔孙相鲁①,贵而主断。其所爱者曰竖牛,亦擅用叔孙之令。叔孙有子曰壬,竖牛妒而欲杀之,因与壬游于鲁君所。鲁君赐之玉环,壬拜受之而不敢佩,使竖牛请之叔孙。竖牛欺之曰:"吾已为尔请之矣,使尔佩之。"壬因佩之。竖牛因谓叔孙:"何不见壬于君乎?"叔孙曰:"孺子何足见也。"竖牛曰:"壬固已数见于君矣。君赐之玉环,壬已佩之矣。"叔孙召壬见之,而果佩之,叔孙怒而杀壬。壬兄曰丙,竖牛又妒而欲杀之。叔孙为丙铸钟,钟成,丙不敢击,使竖牛请之叔孙。竖牛不为请,又欺之曰:"吾已为尔请之矣,使尔击之。"丙因击之。叔孙闻之曰:"丙不请而擅击钟。"怒而逐之。丙出走齐。居一年,竖牛为谢叔孙,叔孙使竖牛召之,又不召而报之曰:"吾已召之矣,丙怒甚,不肯来。"叔孙大怒,使人杀之。

二子已死,叔孙有病,竖牛因独养之而去左右,不内人②,曰:"叔孙不欲闻人声。"因不食而饿死。叔孙已死,竖牛因不发丧也,徙其府库重宝空之而奔齐。夫听所信之言而子父为人僇③,此不参之患也。

①叔孙:鲁国贵族。春秋末年,与孟孙、季孙一起,执政于鲁国。
②内:通"纳",使……进入。
③僇:通"戮",杀戮。

叔孙为鲁国的宰相,地位显贵且专权独断。叔孙所宠爱的人叫竖牛,也常常擅自借叔孙之名发号施令。叔孙有个儿子叫壬,竖牛嫉妒壬并且想杀死壬,于是就故意不经过叔孙的同意而与壬一道在鲁君的住所游玩。鲁君赏赐给壬一个玉环,壬跪拜着收下却不敢佩戴它,便委派竖牛去向叔孙请示这件事。竖牛欺骗壬说:"我已经替你请示过了,宰相让你佩戴上玉环。"壬于是佩戴上了玉环。竖牛便对叔孙说:"为什么不让壬去拜见国君呢?"叔孙说:"小孩子怎么可以拜见国君呢?"竖牛说:"壬已经见过国君好几次了。国君赏赐给他的玉环他也佩戴上了。"叔孙将壬召来一看,见他果然佩戴着玉环,于是一怒之下,竟将壬杀掉。壬的哥哥叫作丙,竖牛又嫉妒丙且想杀死他。叔孙为丙铸造了一口钟,钟成之后,丙不敢击钟,于是派竖牛征求叔孙的意见。竖牛没去征求叔孙的意见,又欺骗丙说:"我已替你征求过宰相的意见了,他让你击钟。"丙于是击钟。叔孙听到钟声之后说:"丙不征求我的意见就敢擅自击钟。"于是愤怒地将丙驱逐出境,丙逃到齐国。过了一年,竖牛假意替丙向叔孙请罪,叔孙让竖牛将丙召回,竖牛又不召丙而回报说:"我已经通知他了,可是丙十分生气,不肯回来。"叔孙大怒,派人将丙杀死。两个儿子都死后,叔孙生病了,竖牛于是单独一人照料叔孙,不让叔孙身边的侍从靠近,也不允许别人进入,并且谎称:"叔孙不想听到别人的声音。"最后叔孙因为没有东西可吃而饿死。叔孙死后,竖牛也不发丧,竟将叔孙府库中的贵重宝物全部搬空,然后逃奔到齐国。叔孙一味听信所宠爱和信任者的话,竟致父子三人都被杀戮,这就是对臣子的话不加以多方验证的祸患啊。

江乙为魏王使荆,谓荆王曰:"臣入王之境内,闻王之国俗曰:'君子不蔽人之美,不言人之恶。'诚有之乎?"王曰:"有之。""然则若白公之乱①,得庶无危乎②?诚得如此,臣免死罪矣。"

卫嗣公重如耳③,爱世姬,而恐其皆因其爱重以壅己也④,乃贵薄疑以敌如耳,尊魏姬以耦世姬⑤,曰:"以是相参也。"嗣公知欲无壅,而未得其术也。夫不使贱议贵，下坐上，而必待势重之钧也，而后敢相议，则是益树壅塞之臣也。嗣公之壅乃始。

夫矢来有乡⑥，则积铁以备一乡；矢来无乡，则为铁室以尽备之⑦。备之则体不伤。故彼以尽备之不伤，此以尽敌之无奸也。

①白公之乱：白公所发动的叛乱。白公即白公胜，春秋时期楚平王太子建之子，封于白，因以为姓。曾劫惠王，自立为王，败后自缢而死。
②无危：指白公一类的叛乱者没有危险。
③如耳：魏国人，在卫国当官。
④壅：蒙蔽。
⑤耦(ǒu)：相对，抗衡。
⑥乡：通"向"，方向。
⑦铁室：指从头到脚的铠甲。

江乙受魏王的派遣出使楚国，对楚王说："我进入大王的国境之内，听说贵国的风俗是：'君子不遮挡别人的美德，不谈论别人的恶行，真有这样的风俗吗？"楚王回答说："有啊。"江乙又说："果真如此，那么像白公胜那样的叛乱，不也是没有危险的吗？若真的如此，臣子就该免去死罪了。"

卫嗣公器重如耳，宠爱世姬，但又担心他们因为受器重被宠爱而蒙蔽自己，于是就提高薄疑的地位以便与如耳匹敌，让魏姬尊贵以便与世姬抗衡，并且说："用这种方法可以让他们相互牵制。"卫嗣公已经意识到不能让自己受蒙蔽，只是还没有掌握不使自己受蒙蔽的方法。不让低贱的议论高贵的，不让下面的超过上面的，而一定得等到他们势均力敌之时，才让他们相互议论，这种做法，是在更多地培养蒙蔽国君的大臣。所以说，卫嗣公的受蒙蔽才刚刚开始。

箭矢射来时如果有方向，那么就聚铁打成胸甲防备从这个方向射来的箭；箭矢射来时如果没有方向，那么就打造从头到脚的全副铠甲来全面防备。有了防备，身体才不会受到伤害。所以说，那防箭的人打造铠甲，全面防备，因而身体不会受伤；作为君主，要将臣子看成敌对的势力，全面防备，才能杜绝奸邪。

庞恭与太子质于邯郸，谓魏王曰："今一人言市有虎①，王信之乎？"曰："不信。""二人言市有虎，王信之乎？"曰："不信。""三人言市有虎，王信之乎？"王曰："寡人信之。"庞恭曰："夫市之无虎也明矣，然而三人言而成虎。今邯郸之去魏也远于市，议臣者过于三人，愿王察之。"庞恭从邯郸反②,竟不得见。

①市:指集市。
②反:同"返",返回。

魏国的大臣庞恭与太子一起到邯郸去当人质,临行前对魏王说:"现在若有一个人说集市上有老虎,大王相信这话吗?"魏王说:"我不相信。""两个人说集市上有老虎,大王相信吗?"魏王说:"不相信。""三个人说集市上有老虎,大王相信吗?"魏王说:"我相信。"庞恭说:"集市上不可能有老虎是很明白的事实,可是三个人都说有老虎,便有人相信真有老虎。如今邯郸与魏国的距离,远于集市与王宫的距离,而议论我的人肯定超过三个人,希望大王明察这些议论。"但是当庞恭从邯郸返回来后,竟再也没有见到魏王。

二、必罚明威①

董阏于为赵上地守②。行石邑山中,见深涧,峭如墙,深百仞,因问其旁乡左右曰:"人尝有入此者乎?"对曰:"无有。"曰:"婴儿、盲聋、狂悖之人,尝有入此者乎?"对曰:"无有。""牛马犬彘,尝有入此者乎?"对曰:"无有。"董阏于喟然太息曰③:"吾能治矣。使吾法之无赦,犹入涧之必死也,则人莫之敢犯也,何为不治?"

子产相郑,病将死,谓游吉曰:"我死后,子必用郑,必以严莅人。夫火形严,故人鲜灼;水形懦,故人多溺。子必严子之刑,无令溺子之懦。"子产死,游吉不忍行严刑,郑少年相率为盗,处于萑泽④,将遂以为郑祸。游吉率车骑与战,一日一夜,仅能克之。游吉喟然叹曰:"吾蚤行夫子之教⑤,必不悔至于此矣。"

①必罚明威:这是第二种政治手段,即明确惩罚以彰显威严。
②上地:即上郡,在今山西晋东南一带。
③太息:叹息。
④萑(guàn)泽:有芦苇的沼泽地。萑,荻。
⑤蚤:通"早"。

董阏于担任赵国上党地区的官员。有一次巡视，来到石邑山中，看到一条深涧，陡峭如墙壁，深达百仞，于是就询问居住于深涧旁的本地人："曾经有人进入这条深涧吗？"回答说："没有。"又问："婴儿、盲人、聋子以及疯子一类的人，有无进去过？"回答道："没有。"再问："牛马狗猪等动物，是否曾经进去过？"回答道："从来没有。"董阏于喟然叹息道："我能治理好本地的百姓了，如果我制定的法令严惩不贷，犯罪的人犹如进入这条深涧就必死无疑一样，那么人们就没有敢触犯法令的，还有什么治理不好他们的呢！"

子产做郑国的宰相，将要病死之时，对游吉说："我死之后，你必定会在郑国执政，你一定得从严治人。火苗的样子极其凶猛，所以很少有人被烧伤；水的外形极其柔顺，所以很多人被淹死。你必须实行严刑峻法，不要让人看到你的懦弱从而淹死。"子产死后，游吉不忍心推行严厉的刑法，郑国的年轻人结伙为盗，盘踞在有芦苇的沼泽地，竟成为郑国的祸害。游吉统率兵马与他们交战，用了一天一夜，方才战胜他们。游吉喟然长叹道："我如果能早点听从子产先生的教导，一定不会像今天这样懊悔！"

鲁哀公问于仲尼曰："《春秋》之记曰：'冬十二月①，霣霜②，不杀草。'何为记此？"仲尼对曰："此言可以杀而不杀也。夫宜杀而不杀，桃李冬实。天失道，草木犹犯干之③，而况于人君乎！"

殷之法，刑弃灰于街者。子贡以为重，问之仲尼。仲尼曰："知治之道也。夫弃灰于街，必掩人；掩人，人必怒；怒则斗，斗必三族相残也。此残三族之道也，虽刑之可也。且夫重罚者，人之所恶也，而无弃灰，人之所易也。使人行之所易④，而无离所恶⑤，此治之道。"

①十二月：周代的十二月，相当于今天的十月。
②霣(yǔn)：通"陨"，降，坠落。
③干：冒犯。
④行：去，抛弃。
⑤离：遭受。

鲁哀公问孔子道："《春秋》一书上记载：'冬天十二月，降下霜，可是却没有将草冻死。'为什么要记这件事呢？"孔子回答说："这是说本来应当被冻死却没有冻死。如果应该冻死却不去冻死，那么桃树李树就会在冬天开花结果。自然规律违背常理，草木尚且敢冒犯它，何况是人间的君主呢？"

商朝的法律规定：那些在大街上倒灰的人要受到刑罚。子贡认为这样的刑律太严酷，就向孔子请教。仲尼说："这是知道治国之道的法律。因为在大街上倒灰，必定会尘土飞扬；弄得行人灰头土脸，人们必定生气；生气就要发生斗殴，斗殴的结果，必定是家族之间相互残杀。因此说在大街上倒灰是引起家族间相互残杀的根源，即使严刑惩罚也是可以的。再说那严厉的刑罚，是人们所厌恶的，而不在大街上倒灰，却是人们易于办到的。让人们做那些容易做到的事，而免于遭受所厌恶的，这是统治人民的好方法。"

中山之相乐池，以车百乘使赵，选其客之有智能者以为将行①，中道而乱。乐池曰："吾以公为有智能，而使公为将行，今中道而乱，何也？"客因辞而去，曰："公不知治。有威足以服之，而利足以劝之②，故能治之。今臣，君之少客也，夫从少正长③，从贱治贵，而不得操其利害之柄以制之，此所以乱也。尝试使臣：彼之善者，我能以为卿相；彼不善者，我得以斩其首，何故而不治？"

公孙鞅之法也重轻罪④。重罪者，人之所难犯也；而小过者，人之所易去也。使人去其所易，无离其所难，此治之道。夫小过不生，大罪不至，是人无罪而乱不生也。

①将行：队伍的指挥者。
②劝：卖力，起劲。
③从：以。
④公孙鞅：即商鞅（约前390—前338），战国卫人。姓公孙名鞅，因封于商，也称商鞅、商君。相秦十九年，辅助秦孝公变法，使秦国富强。

中山国的相国乐池将带领一百辆车马去出使赵国，他挑选了他的门客中最有智慧和才能的人当队伍的指挥者，可是刚走到半路，队伍就乱了。乐池对指挥者说："我以为你最有智慧和才能，所以才让你当队伍的指挥者。如今半路上队伍就乱了，为什么呢？"这个门客于是告辞离去，临行前说："你还不了解管理人的方法。有了威势就足以让人服从，有了利益就足以让人卖劲，所以能够管理好人。现在的我，只是你门下最年轻的一名门客，让我这个年轻的管理年长的，让地位低的去领导地位尊贵的，而又没有给我赏罚的权柄以制约他们，这就是队伍混乱的原因。

如果能让我做到以下两点：那些听指挥的，我有权封其为卿相；那些不听指挥的，我能够斩其首级，还有什么管理不好的呢！"

商鞅制定的法令，是对轻罪。加重处罚那些重大的罪行，是人们不易犯的；而小小的过失，则又是人们可以改正的。让人们抛弃他们容易做到的，不要遭受他们所难以冒犯的，这是治理人的好方法。小的过失没有了，大的罪行又不会轻易去犯，这样一来，人们便没有犯罪的，自然也就没有祸乱了。

荆南之地，丽水之中生金，人多窃采金。采金之禁：得而辄辜磔于市①。甚众，壅离其水也，而人窃金不止。夫罪莫重辜磔于市，犹不止者，不必得也。故今有于此曰："予汝天下而杀汝身。"庸人不为也。夫有天下，大利也，犹不为者，知必死。故不必得也，则虽辜磔，窃金不止；知必死，则虽予之天下不为也。

鲁人烧积泽。天北风，火南倚。恐烧国，哀公惧，自将众趣救火。左右无人，尽逐兽，而火不救，乃召问仲尼。仲尼曰："夫逐兽者乐而无罚，救火者苦而无赏，此火之所以无救也。"哀公曰："善。"仲尼曰："事急，不及以赏。救火者尽赏之，则国不足以赏于人。请徒行罚。"哀公曰："善。"于是仲尼乃下令曰："不救火者，比降北之罪②；逐兽者，比入禁之罪。"令下未遍③，而火已救矣。

①辜磔(zhé)：古代的一种酷刑，将躯体肢解。
②比：等同，比照。
③未遍：还未传遍。

楚国南部的丽水流域，储藏着黄金，很多人偷偷去开采。官府对采金的禁令是：抓到采金的，肢解躯体并弃于闹市。因为偷采黄金而被治罪的人很多，尸体几乎堵塞了丽水，可是照样刹不住偷采之风。要说罪行，没有比肢解躯体并丢弃于闹市更重的了，可是仍然屡禁不止，那是因为私自采金的不一定都被抓住治罪。如今假若有人说："给你天下但要杀死你。"即使是愚蠢的人也不干。享有天下，那是多么大的利益啊，还不肯接受，那是因为他知道必定会死去。所以说不一定被治罪，即使有可能受到分尸的刑罚，偷采黄金之风仍然不止；知道必定会死的结果后，那么即使送给他天下，他也不干。

鲁国人放火焚烧沼泽地。正巧赶上刮北风，将火苗向南吹。因担心会烧到国都,鲁哀公十分恐惧,亲自率众前去救火。可是身旁没有人,都去追逐野兽,火也扑不灭,哀公于是召来孔子询问办法。孔子说:"那追逐野兽的人有乐趣而不受惩罚,救火的人辛苦但没有奖赏,这就是火扑不灭的原因。"哀公道:"说得对。"孔子又说:"事情危急,来不及给予奖赏。而且如果救火的人都给予奖赏,那么国家的财富怕不够用。我建议只用惩罚。"哀公说:"好吧。"于是孔子就下命令道:"不救火的人,与打仗中逃跑的人同罪;追逐野兽的人,与私闯君王禁地的人同罪。"所下达的命令还未传遍,火已被扑灭了。

【原文】

成欢谓齐王曰:"王太仁,太不忍人。"王曰:"太仁,太不忍人,非善名邪?"对曰:"此人臣之善也,非人主之所行也。夫人臣必仁,而后可与谋;不忍人,而后可近也。不仁,则不可与谋;忍人,则不可近也。"王曰:"然则寡人安所太仁?安不忍人?"对曰:"王太仁于薛公,而太不忍于诸田。太仁薛公,则大臣无重;太不忍诸田,则父兄犯法。大臣无重,则兵弱于外;父兄犯法,则政乱于内。兵弱于外,政乱于内,此亡国之本也。"

魏惠王谓卜皮曰:"子闻寡人之声闻亦何如焉?"对曰:"臣闻王之慈惠也。"王欣然喜曰:"然则功且安至?"对曰:"王之功至于亡。"王曰:"慈惠,行善也,行之而亡,何也?"卜皮对曰:"夫慈者不忍,而惠者好与也。不忍则不诛有过,好予则不待有功而赏。有过不罪,无功受赏,虽亡不亦可乎?"

【译文】

成欢对齐王说:"您太仁慈,对人太不残忍了。"齐王说:"太仁慈,对人太不残忍,不是好名声吗?"成欢回答道:"这是人臣的善名,而不是君主所应做的。人臣必须仁慈,然后才能与他谋划大事;对人不残忍,然后才能与他亲近。不仁慈,便不能与他谋事;对人太残忍则不可亲近。"齐王说:"既然如此,那么我哪些地方太仁慈,哪些地方又太不残忍呢?"成欢回答道:"您对薛公太仁慈,对田氏家族不够残忍。对薛公太仁慈,那么别的大臣便无权势;对田氏家族不够残忍,那么他们父子兄弟便会触犯法令。别的大臣无权势,那么对外作战就会失败;田氏父子兄弟触犯法令,那么国内的政治就会混乱。对外作战失败,国内政治混乱,这是国家灭亡的根本原因。"

魏惠王对卜皮说:"你听说我的名声怎么样呢?"卜皮回答道:"我听说您很仁慈,也肯施恩惠。"魏惠王得意洋洋地说:"那么达到什么程度了呢?"卜皮答道:"到了快要亡国的地步了。"魏惠王说:"仁慈和施予恩惠,是在行善,行善而能导致亡国，为什么呢？"卜皮回答道："对人仁慈就不狠心，好施恩惠免不了要赏赐。不狠心就不会责罚有过错的人，好赏赐则不等有功劳就奖励。有过错而不治罪，无功劳却受奖赏，这种赏罚不分的君主即使亡国，不也是正常的吗？"

齐国好厚葬，布帛尽于衣衾，材木尽于棺椁。桓公患之，以告管仲曰："布帛尽则无以为币；材木尽则无以为守备。而人厚葬之不休，禁之奈何？"管仲对曰："凡人之有为也，非名之，则利之也。"于是乃下令曰："棺椁过度者，戮其尸，罪夫当丧者。"夫戮死，无名；罪当丧者，无利，人何故为之也？

卫嗣公之时，有胥靡逃之魏①，因为襄王之后治病。卫嗣公闻之，使人请以五十金买之，五反而魏王不予②，乃以左氏易之③。群臣左右谏曰："夫以一都买一胥靡，可乎？"王曰："非子之所知也。夫治无小而乱无大。法不立而诛不必，虽有十左氏无益也；法立而诛必，虽失十左氏无害也。"魏王闻之曰："主欲治而不听之，不祥。"因载而往，徒献之。

①胥靡：古代对奴隶的一种称谓。因被用绳索牵连着强迫劳动，故名。
②五反：往返五次。反，同"返"。
③左氏：城池的名称。

译文

齐国人喜欢葬礼隆重，以致布帛全用来做死人的衣服，木材全用来做棺木。齐桓公很是担忧，于是告诉管仲："布帛用尽了，就不能当流通的钱币了；木材用尽了，就不能构筑防御工事了。可是人们的厚葬之风不止，如何才能禁止呢？"管仲回答道："凡是人们所做的，不是为了名，就是为了利。"于是就发布命令："棺木超过规定的标准，就杀戮死者的尸体，并且惩罚办丧事的人。"杀戮死者的尸体，得到的不是好名声；惩罚办丧事的人，他们便无利可图，这样无名无利的事，谁还去做呢？

卫嗣公执政时，有一个奴隶逃到魏国，为魏襄王的王后去治病。卫嗣公听说这件事后，派人请求用五十金买回这个奴隶，往返了五次，魏襄王都不肯给，于是想用左氏这座城来交换这个奴隶。卫嗣公身边的大臣们劝谏道："用一座城池去换一个奴隶，值得吗？"卫嗣公说："这不是你们能理解的。治理国家不能忽略小事，混乱也不一定非由大事引起。法令不制定，惩罚不执行，即使有十座左氏城也没用；法令制定了，惩罚执行了，即使损失掉十座左氏城，也无妨害。"魏襄王听说这件事后,说:"卫嗣公想治理好国家而不支持他,那不是吉祥之事。"于是用车将那个奴隶遣返回卫国,献给卫嗣公,不取分文。

三、信赏尽能①

【原文】

齐王问于文子曰:"治国何如?"对曰:"夫赏罚之为道,利器也。君固握之,不可以示人。若如臣者,犹兽鹿也,唯荐草而就②。"

越王问于大夫文种曰:"吾欲伐吴,可乎?"对曰:"可矣。吾赏厚而信,罚严而必。君欲知之,何不试焚宫室?"于是遂焚宫室,人莫救之。乃下令曰:"人之救火死者,比死敌之赏;救火而不死者,比胜敌之赏;不救火者,比降北之罪。"人之涂其体,被濡衣而走火者③,左三千人,右三千人。此知必胜之势也。

①信赏尽能:这是第三种政治手段,意思是:对有功劳的人依法奖赏,以便臣子竭尽才能。
②荐草:野兽所吃的草。
③被:同"披"。

【译文】

齐王问文子道:"怎么样才能治理好国家呢?"文子回答说:"奖赏和惩罚的功效,如同锐利的武器。君主应该牢牢地握住这种武器,不可以轻易地让人看。当人臣的,就像兽鹿一样,哪儿有它喜欢的草就往哪儿跑。"

越王问大夫文种道:"我想讨伐吴国,可以吗?"文种回答道:"已经可以了。我们推行的政策是,奖赏丰厚而守信用,惩罚严厉而一定做到。您要想了解实际情况,何不试着将宫室焚烧?"于是就故意将宫室焚烧,可是人们都不去救火。越王就下命令道:"因救火而牺牲的人,赏赐与阵亡的将士相当;救火后仍活着的人,赏赐与打了胜仗的战士相当;凡是不救火的人,罪责相当于打仗当逃兵者。"命令下达之后,往身上涂抹防火的东西,披着湿衣服跑去救火的人,左边有三千人,右边有三千人。从这件事就能预测到越军战无不胜的形势。

【原文】

吴起为魏武侯西河之守。秦有小亭临境,吴起欲攻之。不去,则甚害田者;去之,则不足以征甲兵。于是乃倚一车辕于北门之外而令之曰:"有能徙此南门之外者,赐之上田上宅。"人莫之徙也。及有徙之者,还赐之如令①。俄又置一石赤菽东门之外而令之曰②："有能徙此于西门之外者，赐之如初。"人争徙之。乃下令曰："明日且攻亭，有能先登者，仕之国大夫，赐之上田上宅。"人争趋之。于是攻亭，一朝而拔之。

李悝为魏文侯上地之守，而欲人之善射也，乃下令曰："人之有狐疑之讼者，令之射的，中之者胜，不中者负。"令下而人皆疾习射，日夜不休。及与秦人战，大败之，以人之善射也。

① 还(xuán)：迅速、立刻。
② 石(dàn)：古代容量单位，一石等于十斗。

吴起当了魏武侯的西河郡守。秦国有一个小亭临近西河的边境，吴起想攻打这个小亭。不拔掉这个小亭，对魏国种田的人十分有害；而要除掉他，又征调不到足够的士兵。于是吴起将一个车辕斜立在北门之外，并下命令道："凡是能将这个车辕移到南门之外的人，赏赐给他上等的田地和住宅。"人们都不去移动车辕。等到有一个人将车辕移到规定的地方，吴起就照命令所说的，立即赏赐给他上等的田地和住宅。不久又在东门之外放置了一石红豆，并下命令道："凡是能将这一石红豆移到西门之外的人，奖赏如同上次。"人们争着去转移红豆。这时，吴起又下命令道："明天将要攻打小亭，凡是最先登上小亭的人，就封他为大夫，赏赐给他上等的田地和住宅。"人们争先恐后前去应征。于是下令攻打小亭，一个早晨就将其攻下了。

李悝在担任魏文侯上地郡守期间，想让境内的人民都会射箭，于是发布命令道："人们有难以决断的诉讼案件，就让他们射靶子，射中的人为胜诉，射不中的人为败诉。"命令一下，人们很快就开始练习射箭，日夜不停。等到与秦国人交战，将秦国人打得大败，这是因为当地的人都善于射箭。

越王虑伐吴，欲人之轻死也。出见怒蛙，乃为之式①。从者曰："奚敬于此？"王曰："为其有气故也。"明年之请以头献王者岁十余人。由此观之，誉之足以杀人矣。

韩昭侯使人藏弊裤，侍者曰："君亦不仁矣，弊裤不以赐左右而藏之。"昭侯曰："非子之所知也。吾闻明主之爱，一嚬一笑②，嚬有为嚬，而笑有为笑。今夫裤，岂特嚬笑哉？裤之与嚬笑相去远矣。吾必待有功者，故收藏之未有予也。"

①式:表示敬意。
②嚬:同"颦",皱眉。

越王谋划讨伐吴国,想让每个人都视死如归。出征的路途中看见一只发怒的青蛙,就向它表示敬意。跟随越王的侍从说:"为什么要对它表示敬意呢?"越王说:"是因为它有勇气的缘故啊。"第二年,愿意将自己的头颅献给越王的人,一年之中就有十几个。由此看来,赞誉也足以让人牺牲啊。

韩昭侯让人将他的破裤子藏起来,侍奉他的人说:"君王您也太不仁厚了,连破裤子都不送给身边的人,反而收藏了起来。"韩昭侯说:"这不是你们所能懂得的。我听说贤明君主的仁爱,一皱眉,一发笑,皱眉有皱眉的原因,发笑有发笑的原因。如今这裤子,难道仅仅像皱眉、发笑一样吗?裤子与皱眉、发笑相差太遥远了。我是在等待有功劳的人,所以收藏起来不送给别人。"

四、一听责下①

魏王谓郑王曰②:"始郑梁一国也,已而别,今愿复得郑而合之梁。"郑君患之,召群臣而与之谋所以对魏。郑公子谓郑君曰:"此甚易应也。君对魏曰:'以郑为故魏而可合也,则弊邑亦愿得梁而合之郑。'"魏王乃止。

①一听责下:这是第四种政治手段,意思是专听一理,考察臣下专司之事。
②郑王:此处指韩王。

魏王对韩王说:"刚开始之时,韩国和梁国本为一个国家,不久才分开。现在我们希望再将韩国合并到梁国。"韩国国君很害怕,召集群臣与他们谋划如何对付魏国。韩国公子对韩国国君说:"这很容易应付啊。您对魏王说:'因为韩国与从前的魏国是合在一起的,那么我们韩国也愿意让梁国合并到韩国来。'"魏王听到这话之后,不再说什么。

齐宣王使人吹竽,必三百人。南郭处士请为王吹竽,宣王说之①,廪食以数百人②。宣王死,湣王立,好一一听之,处士逃。

一曰,韩昭侯曰:"吹竽者众,吾无以知其善者。"田严对曰:"一一而听之。"

①说:同"悦",喜欢。
②廪(lǐn)食:供给食物。

齐宣王让人吹竽,必定要有三百人一齐吹才满意。南郭的一个人请求为齐宣王吹竽,宣王很高兴,供给他食物的标准同那几百人一样。齐宣王死后,齐湣王即位,喜欢一个一个地听,这个人因为不会吹竽,就逃跑了。

另一种说法是,韩昭侯听人吹竽,说:"吹竽的人太多,我无法知道谁吹得好。"田严回答说:"一个一个地听他们吹。"

三国兵至函谷,秦王谓楼缓曰:"三国之兵深矣!寡人欲割河东而讲①,何如?"对曰:"夫割河东,大费也;免国于患,大功也。此父兄之任也,王何不召公子泛而问焉?"王召公子泛而告之,对曰:"讲亦悔,不讲亦悔。王今割河东而讲,三国归,王必曰:'三国固且去矣,吾特以三城送之。'不讲,三国也入函谷,则国必大举矣②,王必大悔,曰:'不献三城也。'臣故曰:'王讲亦悔,不讲亦悔。'"王曰:"为我悔也,宁亡三城而悔,无危乃悔,寡人断讲矣。"

①讲:讲和。
②举:征召部队。

译文

三个国家的部队兵临函谷关,秦王对楼缓说:"三国的部队已深入到我国了,我想割让河东一带的土地与他们讲和,怎么样?"楼缓回答道:"割让河东之地,是很大的损失;使国家免遭祸乱,是很大的功勋。这都是国君家族内父兄的职责,您为什么不召来公子泛问问呢?"秦王于是召来公子泛,将情况告诉他。公子泛回答道:"这件事讲和也要后悔,不讲和也要后悔。如今您若割让河东之地去讲和,三国的部队退回,您一定会说:'三国的部队本来就要退回去的,我白白地将三座城送给他们。'若不讲和,三国的部队攻入函谷关,那么秦国一定得征召军队,劳役人民,您一定会很后悔,并且说:'这都是因为没有献上三座城池。'所以为臣我断言:'您是讲和也后悔,不讲和也后悔。'"秦王说:"与其要后悔,我宁肯因为失去三座城池而后悔,也不肯因为国家处于危难的境地而后悔。我已决定,讲和吧。"

五、疑诏诡使①

庞敬,县令也。遣市者行②,而召公大夫而还之。立有间,无以诏之,卒遣行。市者以为令与公大夫有言,不相信,以至无奸。

①疑诏诡使:这是第五种政治手段,意思是有所怀疑而使用诡谲之计,使臣下不敢隐瞒真情。
②市者:市场管理员。

庞敬是一个县令。他派出集市管理员外出执行任务,又将公大夫从集市上召回来。公大夫站了一会儿,庞敬却没有给他什么指示,最后又让他回去了。市场管理员认为庞敬对公大夫说了什么,公大夫虽极力辩白,他也不相信,更不敢胡作非为。

戴欢,宋太宰。夜使人曰:"吾闻数夜有乘辒车至李史门者①,谨为我伺之。"使人报曰:"不见辒车,见有奉笥而与李史语者。有间,李史受笥。"

周主亡玉簪,令吏求之,三日不能得也。周主令人求,而得之家人之屋间②。周主曰:"吾知吏之不事事也。求簪三日不得之,吾令人求之,不移日而得之③。"于是吏皆耸惧,以为君神明也。

①辒(wēn)车:古代一种较高级的卧车。
②家人:普通百姓家。
③不移日:移日表示时间长久,不移日即时间很短。

戴欢担任宋国的太宰,晚上派人出去,说:"我听说几个晚上都有乘坐卧车的人到李史的家门,请你小心为我察看。"不久,被派去的人回来报告说:"没有看见有卧车,只看见有个人拿着方形的竹器皿与李史交谈,过了一会儿,李史收下了竹器皿。"

周国国君丢了玉簪,派出官吏去寻找,找了三天都未找见。周国国君又派人去找,结果在一家百姓的房间中找到。周国国君说:"我的官吏如此不尽职责。让他们找玉簪,三天都未找到;我又派人去找,不一会儿就找见了。"于是官吏们都惊惧害怕,认为国君是神通广大而贤明的君主。

商太宰使少庶子之市①,顾反而问之曰②:"何见于市?"对曰:"无见也。"太宰曰:"虽然,何见也?"对曰:"市南门之外,甚众牛车,仅可以行耳。"太宰因诫使者:"无敢告人吾所问于女③。"因召市吏而诮之曰④:"市门之外何多牛屎?"市吏甚怪太宰知之疾也,乃悚惧其所也⑤。

①商:此处指宋。 庶子:官名。
②顾反:返回。
③女:同"汝",你。
④诮(qiào):责备。
⑤所:这里指工作岗位。

宋国的太宰派一个年轻的官员到市场,待他返回来后问他道:"在市场上看到了什么?"那人回答说:"什么也没见。"太宰说:"即使如此,总有所见吧?"这位年轻官员回答道:"市场的南门之外,聚集了好多牛车,拥挤不堪,勉强能通行。"太宰于是告诫这个官员:"不要将我所问你的话告诉别人。"太宰随后召来管理市场的官吏责备道:"市场的门外为什么那么多牛粪?"管理市场的官员非常奇怪太宰这么快就知道了市场的情况,因而小心谨慎地坚守自己的工作岗位。

六、挟知而问①

【原文】

韩昭侯握爪,而佯亡一爪,求之甚急。左右因割其爪而效之。昭侯以此察左右之不诚。

韩昭侯使骑于县②。使者报,昭侯问曰:"何见也?"对曰:"无所见也。"昭侯曰:"虽然,何见?"曰:"南门之外,有黄犊食苗道左者。"昭侯谓使者:"毋敢泄吾所问于女。"乃下令曰:"当苗时,禁牛马入人田中。固有令,而吏不以为事,牛马甚多入人田中。亟举其数上之;不得,将重其罪。"于是三乡举而上之③。昭侯曰:"未尽也。"复往审之,乃得南门之外黄犊。吏以昭侯为明察,皆悚惧其所而不敢为非。

①挟知而问:这是第六种政治手段,即拿自己已掌握的情况询问臣下,进而考察他是否诚实。
②骑(jì):骑马的人。
③三乡:这里指东、西、北三个方向。乡,通"向"。

韩昭侯握住自己的手指甲,却假装掉了一片指甲,十分焦急地找寻。身边的侍从于是剪下自己的手指甲献给韩昭侯。韩昭侯凭这件事考察出身边的侍从诚实不诚实。

韩昭侯派骑士外出视察县城。骑士回来汇报,昭侯问他:"看见些什么?"骑士回答道:"没看见什么。"昭侯说:"即使如此,总有所见吧?"骑士回答:"南门外面,有黄牛犊在吃道路左侧的青苗。"昭侯对骑士说:"不要泄露我问你的话。"于是就发布命令:"禾苗生长期间,禁止牛马踏入农户的田中。本来已有这样的命令,可是官吏们却不当一回事,致使很多牛马踏入农户的田中。立即将这些数字上报;不上报的,将加重处罚。"于是东门、西门、北门三个方向的数字报了上来。昭侯说:"尚未统计完全。"有关人员又前去调查,于是发现了南门之外的黄牛犊。官吏们都认为韩昭侯明察秋毫,因而诚惶诚恐地坚守职责,不敢为非作歹。

卜皮为县令,其御史污秽而有爱妾。卜皮乃使少庶子佯爱之,以知御史阴情。

西门豹为邺令,佯亡其车辖,令吏求之不能得,使人求之而得之家人屋间。

卜皮担任县令，他手下的御史劣迹斑斑，并且有一个宠爱的小妾。卜皮于是派手下一个年轻的官员去假意喜欢这个御史的爱妾，以便了解御史的隐情。

西门豹担任邺地的县令期间，假装丢了一个车轴头上的零件，派官吏去找而没有找见，又派身边的人去找，结果在一户百姓的房屋中找到了。

七、倒言反事①

山阳君相卫②，闻王之疑己也，乃伪谤樛竖以知之。

淖齿闻齐王之恶己也，乃矫为秦使以知之。

齐人有欲为乱者，恐王知之，因诈逐所爱者，令走王知之。

子之相燕，坐而佯言曰："走出门者何？白马也？"左右皆言不见。有一人走追之，报曰："有。"子之以此知左右之不诚信。

有相与讼者，子产离之，而无使得通辞，倒其言以告而知之。

卫嗣公使人为客过关市，关市苛难之，因事关市以金，关吏乃舍之。嗣公为关吏曰："某时有客过而所③，与汝金，而汝因遣之。"关市乃大恐，而以嗣公为明察。

①倒言反事：这是第七种政治手段，即故意说与本意相反的话，做与实际相反的事，从而了解臣下的隐情。

②卫：即魏国。此时卫国已削弱，属于魏国，所以也称魏为卫。

③而所：你那里。

山阳君做魏国的宰相，听说魏王怀疑自己，于是假装诽谤魏王的宠臣樛竖，以便了解国君是否真的猜疑自己。

淖齿听说齐湣王讨厌自己，于是派人假装成秦国的使者，去打听这件事。

齐国有个人想要作乱，担心齐国国王知道，于是就假装驱逐自己所喜欢的人，让他逃到齐王那里从而刺探齐王是否已知道他要作乱这件事。

子之当燕国的宰相，坐在那里故意说："刚才从门口跑出去的是什么？是一匹白马吗？"身边的人都说没有看见。有一个人跑出门去观看，回来报告道："是有一匹白马刚出去。"子之用这种方法知道身边的人谁不诚实。

有两个人相互争吵,子产将他们隔离开,让他们听不到对方的话,而后将他们各自所说的话倒过来告诉另一方,从而了解事情的真相。

卫嗣公派人装扮成客商路过关市,守关的人员刁难他,他就拿出金子贿赂守关的人,守关者这才放他过去。卫嗣公对守关的人说:"某月某日,有个客商路过你那里,送给你金子,你才放他过去。"守关者十分恐惧,认为卫嗣公能够明察秋毫。

◎ 内储说下·六微

"六微"即六种隐微，韩非认为这六种情形足以危害君主，所以必须严加防范。

一、权借在下①

原文

势重者，人主之渊也；臣者，势重之鱼也。鱼失于渊而不可复得也，人主失其势重于臣而不可复收也。古之人难正言，故托之于鱼。赏罚者，利器也。君操之以制臣，臣得之以拥主②。故君先见所赏，则臣鬻之以为德③；君先见所罚，则臣鬻之以为威。故曰："国之利器，不可以示人④。"

靖郭君相齐⑤，与故人夕语，则故人富；怀左右刷⑥，则左右重。夕语怀刷，小资也，犹以成富，况于吏势乎？

①权借在下：这是第一种隐微，即君主的权势转借给臣下。
②拥：通"壅"，蒙蔽。
③鬻(yù)：卖。
④引文见《老子》第三十六章。
⑤靖郭君：即田婴。战国时齐人，孟尝君之父。历事威王、宣王、湣王，相齐十一年，封于薛，号靖郭君。
⑥怀左右刷：让身边的人怀藏理用具。怀刷比喻亲近得宠。

厚重的权势，犹如君主所拥有的深渊；做人臣的，犹如权势这个深渊中的鱼。鱼一旦在深渊中丢失了，就不可能再找到；君主在臣子们那里失去了厚重的权势，也不可能再收回来。古时候的人对这个道理难以直说，所以用鱼来比喻。赏赐和惩罚，是君主的统治手段。君主掌握赏罚大权，就可以用来制约臣子；而臣子若得到这赏罚大权，就会蒙蔽君主。所以君主若先将赏赐的意向表现出来，那么臣子便会借机卖赏以作为自己的恩德；君主若先将惩罚的意向表现出来，那么臣子便会借机用惩罚树立自己的威势。所以《老子》说:"赏和罚是国家的统治手段,不可以轻易让人看见。"

靖郭君田婴做齐国的宰相,与一个老朋友交谈了一晚上,这个朋友就逐渐富了起来;让身边的侍从怀藏理发的用具,这个侍从逐渐有了威势。与人晚上交谈,让人怀藏理发工具,都是小事一桩,尚且能使人富贵有威势,何况是给官员以权势呢?

原文

晋厉公之时,六卿贵①。胥僮、长鱼矫谏曰:"大臣贵重,敌主争事,外市树党,下乱国法,上以劫主,而国不危者,未尝有也。"公曰:"善。"乃诛三卿。胥僮、长鱼矫又谏曰:"夫同罪之人,偏诛而不尽,是怀怨而借之间也。"公曰:"吾一朝而夷三卿,予不忍尽也。"长鱼矫对曰:"公不忍之,彼将忍公。"公不听。居三月,诸卿作难,遂杀厉公而分其地。

州侯相荆,贵而主断。荆王疑之,因问左右,左右对曰"无有",如出一口也。

燕人无惑②,故浴狗矢③。燕人,其妻有私通于士,其夫早外而来,士适出,夫曰:"何客也?"其妻曰:"无客。"问左右,左右言"无有",如出一口。其妻曰:"公惑易也。"因浴之以狗矢。

注释

①六卿:指当时晋国的六大家族:韩、赵、魏、智、中行(háng)、范,世代为晋卿。
②惑:一种病,精神失常。
③狗矢:狗屎。

译文

晋厉公执政之时,六卿十分显贵。胥僮、长鱼矫劝谏厉公:"大臣们显贵势重,敌国的君主争相拉拢他们,他们会在国外建立自己的私党,对下则扰乱国法,对上则凭借私党来要挟君主,在这种形势之下而国家不危险的,从未有过。"晋厉公说:"说得好。"于是诛杀了其中的三卿。胥僮、长鱼矫又劝谏道:"同等罪行的人,只杀部分而不全部治罪,这是给他们心怀怨恨提供机会啊。"晋厉公说:"我一天就诛杀三卿,我不忍心斩尽杀绝。"长鱼矫回答道:"您不忍心杀他们,他们将会忍心对付您。"晋厉公不听劝谏。过了三个月,其他几个贵族造反,于是杀死晋厉公,并且瓜分了他的领土。

州侯在楚国当宰相,地位显贵,独断专行。楚王对他有所怀疑,于是就问身边的人。身边的人回答说"没有啊",这些人的话好像是从一个人的嘴里说出来一般。

有一个燕国人并未中邪,反而被用狗屎浇身来驱邪。原来这个燕国人的妻子与另一个人私通,她的丈夫早上从外面回来,与她私通的那个人刚好从家中走出,丈夫便问:"那是什么客人?"妻子说:"没有客人呀。"丈夫问家中的奴仆,奴仆们也都说"没有客人",这话好像出自一个人的口。妻子便说:"你中邪气了。"于是就用狗屎浇他全身。

二、利异外借①

原文

卫人有夫妻祷者,而祝曰:"使我无故②,得百束布。"其夫曰:"何少也?"对曰:"益是,子将以买妾。"

荆王欲官诸公子于四邻。戴歇曰:"不可。""官公子于四邻,四邻必重之。"曰:"子出者重,重则必为所重之国党,则是教子于外市也,不便。"

鲁孟孙、叔孙、季孙相戮力劫昭公,遂夺其国而擅其制。鲁三桓逼公,昭公攻季孙氏,而孟孙氏、叔孙氏相与谋曰:"救之乎?"叔孙氏之御者曰:"我,家臣也,安知公家?凡有季孙与无季孙于我孰利?"皆曰:"无季孙必无叔孙。""然则救之。"于是撞西北隅而入。孟孙见叔孙之旗入,亦救之。三桓为一,昭公不胜。遂之齐,死于乾侯。

①利异外借:这是第二种隐微,指君主与臣下的利益不统一,臣下便借助国外的势力来牟取自己的利益。
②故:灾难。

卫国有一对夫妻双双祷告,妻子求愿道:"让我无灾无难,并且有一百束布。"丈夫说:"为什么才要这么点儿?"妻子回答道:"超过了一百束,你就会用来买小老婆。"

楚王计划让自己的几个儿子到四方的邻国去做官。戴歇说:"不可以。"楚王说:"让公子们到邻国去做官,四方的邻国必定会器重他们。"戴歇说:"外出的儿子受到器重,必定会成为器重他的国家的死党,那么这是在教导儿子在国外树立党羽,相互勾结,对本国没有什么好处。"

101

鲁国的孟孙氏、叔孙氏、季孙氏合力劫持鲁昭公，于是夺走了鲁昭公的国君之位而且掌握了国家大权。鲁国这三氏起初威逼公室时，鲁昭公攻击季孙氏，孟孙氏与叔孙氏相互谋划道："救不救季孙氏呢？"叔孙氏的车夫说："我只是一个家臣，怎么知道王公家的事呢？有季孙氏与无季孙氏哪一样对我更有利益？"众人都说："没有季孙氏必定不会有叔孙氏。"车夫说："既然如此，那就去救援吧。"于是撞开鲁昭公西北角的包围圈，进去救季孙氏。孟孙氏看见叔孙氏的旗帜进入了包围圈，也去救援。三家的力量合在一起，鲁昭公不能取胜。无奈之下，鲁昭公到了齐国，最后死于晋国的乾(gān)侯。

原文

越王攻吴王，吴王谢而告服，越王欲许之。范蠡、大夫种曰："不可。昔天以越与吴，吴不受。今若反夫差，亦天祸也。以吴予越，再拜受之，不可许也。"太宰嚭乱遗大夫种书，曰："狡兔尽则良犬烹，敌国灭则谋臣亡。大夫何不释吴而患越乎？"大夫种受书读之，太息而叹曰："杀之越，与吴同命。"

白圭相魏，暴谴相韩。白圭谓暴谴曰："子以韩辅我于魏，我以魏待子于韩。臣长用魏，子长用韩。"

译文

越王勾践攻打吴王夫差，吴王向越王请罪投降，越王想答应他。可是范蠡和大夫文种都说："不可。从前老天将越国送给吴国，吴国没有接受。如今若让夫差返回本国，也是天祸。上天将吴国送给越国，应再拜而受，不能答应吴王投降的请求。"吴国的太宰伯嚭派人送给大夫文种一封信，信中说："狡猾的兔子被猎尽之后，优良的猎狗就该被煮着吃了，敌对的国家被灭亡之后，也是谋臣们死亡的时候。您何不放吴国一马让它成为越国的祸害呢？"大夫文种收下信阅读之后叹息道："我这谋臣被杀死在越国，这与吴国被越国灭亡同样是上天注定的命运。"

白圭在魏国做宰相，暴谴在韩国做宰相。白圭对暴谴说："您用韩国作后盾辅助我在魏国为官，我用魏国作后盾辅助您在韩国为官。这样，我能够长期为魏国所用，您也能长期为韩国所用。"

三、托于似类①

原文

齐中大夫有夷射者，御饮于王，醉甚而出，倚于郎门。门者刖跪请曰②："足下无意赐之余沥乎？"夷射曰："叱！去！刑馀之人，何事乃敢乞饮长者!"刖跪走退。及夷射去,刖跪因捐水郎门霤下③,类溺者之状。明日,王出而诃之曰:"谁溺于是?"刖跪对曰:"臣不见也。虽然,昨日中大夫夷射立于此。"王因诛夷射而杀之。

魏王臣二人不善济阳君,济阳君因伪令人矫王命而谋攻己。王使人问济阳君曰:"谁与恨?"对曰:"无敢与恨。虽然,尝与二人不善,不足以至于此。"王问左右,左右曰:"固然。"王因诛二人者。

季辛与爰骞相怨。司马喜新与季辛恶,因微令人杀爰骞。中山之君以为季辛也,因诛之。

①托于似类:这是第三种隐微,指臣下凭借类似的事件来瞒骗君主,从而牟取自己的利益。
②刖(yuè)跪:守门者的绰号。
③霤(liù):屋檐滴水之处。

齐国有个中大夫,叫夷射,他在齐王的宫中喝酒,醉得很厉害,走出宫中,靠在廊门上。一个被砍掉腿的守门人请求道:"您难道不想将剩余的酒赏赐给我点儿?"夷射喝叱道:"呸!滚开!一个受过刑罚的人,竟敢向地位高的人索要酒喝!"守门人快速退下。等夷射离开之后,守门人故意将水泼在廊门的屋檐滴水处,好像是小便的样子。第二天,齐王外出而大声斥责道:"是谁尿在这里?"守门人回答道:"为臣没有看见。虽然如此,但昨天我曾看见中大夫夷射站在那个地方。"齐王于是责罚夷射并最终将他杀掉。

魏王有两个大臣与济阳君关系不好,济阳君于是故意让人假托齐王的命令谋划攻打自己。魏王派人问济阳君:"谁和你有仇?"济阳君回答道:"我不敢与别人结怨。虽然如此,但是曾经与两个人关系不好,但也不至于到这一步啊。"魏王询问身边的人,身边的人说:"他们关系确实不好。"魏王于是杀了那两个人。

中山国的季辛与爰骞相互有矛盾,司马喜则刚刚与季辛关系恶化。于是就暗中派人将爰骞杀害。中山国的国君想当然地认为是季辛干的,于是将季辛诛杀掉。

楚王所爱妾有郑袖者。楚王新得美女,郑袖因教之曰:"王甚喜人之掩口也,为近王①,必掩口。"美女入见,近王,因掩口。王问其故,郑袖曰:"此固言恶王之臭。"及王与郑袖、美女三人坐,袖因先诫御者曰:"王适有言,必亟听从王言。"美女前,近王甚,数掩口。王悖然怒曰:"劓之②!"

御因揄刀而劓美人③。

费无极,荆令尹之近者也。郤宛新事令尹,令尹甚爱之。无极因谓令尹曰:"君爱宛甚,何不一为酒其家?"令尹曰:"善。"因令之为具于郤宛之家。无极教宛曰:"令尹甚傲而好兵,子必谨敬,先亟陈兵堂下及门庭。"宛因为之。令尹往而大惊,曰:"此何也?"无极曰:"君殆,去之。事未可知也。"令尹大怒,举兵而诛郤宛,遂杀之。

中山有贱公子,马甚瘦,车甚弊。左右有私不善者,乃为之请王曰:"公子甚贫,马甚瘦,王何不益之马食?"王不许。左右因微令夜烧刍廐。王以为贱公子也,乃诛之。

①为:如果。
②劓(yì):古代五刑之一,割掉鼻子。
③揄(yú)刀:挥动刀子。

楚怀王有个宠爱的小姬妾叫郑袖。楚王刚刚又得到一个美女,郑袖想陷害她,于是假意指点她:"楚王非常喜欢别人手掩口的样子,你若接近楚王,一定要用手掩口。"这个美女进去见楚王,每次靠近楚王时,便用手将口掩上。楚王问其中的缘故,郑袖说:"这个女人本来就说过讨厌大王您的口臭。"等到有一次楚王与郑袖、这个美女三人坐在一起时,郑袖预先告诉侍卫道:"大王刚才有指示,一定要立即听从他的命令。"美女靠前讲话,与楚王相距很近,她几次用手掩口。楚王见状,勃然大怒道:"割掉她的鼻子!"侍卫于是挥刀割掉了美女的鼻子。

费无极是楚国令尹的近臣。郤宛新来,侍奉令尹,令尹非常喜欢他。费无极于是对令尹说:"您十分喜欢郤宛,为什么不去他家喝一次酒呢?"令尹说:"好吧。"于是就让费无极在郤宛的家中安排酒席。费无极教导郤宛说:"令尹非常傲慢,又喜欢兵器,宴会开始之前,你必须小心敬重地将兵器陈列在大堂之下和门庭之中。"郤宛于是照办。令尹来后看见这一切,大惊道:"这是什么意思?"费无极说:"您危险了,必须马上离开。事情不可预料啊。"令尹十分生气,发兵讨伐郤宛,杀死了他。

中山国有一个地位低贱的公子,他的马十分瘦弱,车十分破旧。公子身边的侍从中有人与他不和,于是就替他向君王请求道:"公子非常穷,马非常瘦弱,大王为什么不给他增加马的饲料?"君王没有答应。这个人于是悄悄地派人在夜间烧毁了君王的马厩。中山国的君王还以为是这个地位低贱的公子干的,于是就将他杀了。

四、利害有反①

原文

韩昭侯之时,黍种常贵甚。昭侯令人覆廪,吏果窃黍种而粜之甚多。

昭僖侯之时,宰人上食而羹中有生肝焉。昭侯召宰人之次而诮之曰:"若何为置生肝寡人羹中?"宰人顿首服死罪,曰:"窃欲去尚宰人也。"

文公之时,宰臣上炙而发绕之。文公召宰人而谯之曰:"女欲寡人之哽邪?奚为以发绕炙?"宰人顿首再拜,请曰:"臣有死罪三:援砺砥刀,利犹干将也,切肉,肉断,而发不断,臣之罪一也;援锥贯脔,而不见发,臣之罪二也;奉炽炉炭,肉尽赤红,炙熟而发不焦,臣之罪三也。堂下得无微有疾臣者乎②?"公曰:"善。"乃召其堂下而谯之,果然,乃诛之。

①利害有反:这是第四种隐微,指由于人们的利害关系存在着相反、相冲突的情况,臣下常常会用危害君主和他人利益的手段来牟取自己的利益。

②微:暗中。 疾:憎恨。

韩昭侯执政之时,黍子的种子比平常贵出好多。韩昭侯派人检查仓库,管粮库的官员果然偷窃黍种倒卖,而且数量巨大。

昭僖侯执政之时,厨师端上饭食,可是汤中却有一块生的肝。韩昭侯召来厨师的助手责备道:"你为什么要将生的肝放在我的汤中?"这个厨师叩头不已,对死罪心服口服,并承认:"我私下想凭此除掉我的师傅。"

晋文公执政之时,膳食官端上烤肉而有头发绕在肉上。晋文公将厨师叫来责骂道:"你想将我噎死吗?为什么要把头发缠绕在烤肉上?"厨师连连叩头,拜了又拜,向晋文公请罪道:"为臣我有三条该死的罪状。拿磨刀石磨刀,使刀如同有名的干将宝剑一样锋利,切肉肉断,而头发竟然切不断,这是为臣我的第一条罪状;拿上铁钎穿肉,可是竟没有看见有头发,这是为臣我的第二条罪状;用炽热的炭火烤肉,肉都变成了红色,肉已烤熟而上面的头发仍未烧焦,这是为臣我的第三条罪状。堂下那么多人,难道就没有憎恨我的人吗?"晋文公说:"说得好。"于是召来堂下的人责问,果然找出了那个陷害者,晋文公于是诛杀了这个陷害者。

五、参疑内争①

晋献公之时,骊姬贵,拟于后妻②,而欲以其子奚齐代太子申生,因患申生于君而杀之,遂立奚齐为太子。

郑君已立太子矣,而有所爱美女,欲以其子为后,夫人恐,因用毒药贼君杀之。

卫州吁重于卫,拟于君。群臣百姓尽畏其势重。州吁果杀其君而夺之政。

公子朝,周太子也。弟公子根甚有宠于君。君死,遂以东周叛,分为两国。

①参疑内争:这是第五种隐微,指由于臣下的权势相当而引发的内部斗争。参疑,匹敌,势均力敌。
②拟:比拟,相当。

晋献公执政的时候,骊姬地位显贵,相当于献公的正妻。骊姬想让她生的儿子奚齐取代太子申生,于是在晋献公跟前陷害申生,终于让晋献公杀了申生,然后立奚齐为太子。

郑国国君已经确立了太子,可是国君所宠爱的美女,想让自己所生的儿子为君王的继承人。国君的夫人很害怕,于是就用毒药加害国君并毒死了国君。

卫国的州吁在卫国权倾一时,可与君王比拟。上自群臣,下至百姓,都害怕他的权高位重。后来,州吁果然杀死国君,篡夺了政权。

公子朝是周国的太子。他的弟弟公子根,在国君那里很受宠爱。国君死后,公子根在东周反叛,于是把周国分成西周、东周两个国家。

【原文】

楚成王以商臣为太子,既而又欲置公子职。商臣作乱,遂攻杀成王。一曰,楚成王以商臣为太子,既欲置公子职。商臣闻之,未察也,乃为其傅潘崇曰:"奈何察之也?"潘崇曰:"飨江芈而勿敬也。"太子听之。江芈曰:"呼!役夫①!宜君王之欲废女而立职也。"商臣曰:"信矣。"潘崇曰:"能事之乎?"曰:"不能。""能之诸侯乎?"曰:"不能。""能举大事乎?"曰:"能。"于是乃起宿营之甲,而攻成王。成王请食熊蹯而死②,不许。遂自杀。

①役夫:供人役使的人。此处有贬义。
②熊蹯(fán):即熊掌。熊掌难熟,楚成王请求吃了熊掌再死,意在拖延时间,等待外援。

楚成王立商臣为太子,不久又想改立公子职为太子。商臣反叛作乱,于是攻打并杀死了楚成王。还有一种说法是,楚成王立商臣为太子,不久又想改立公子职为太子。商臣有所耳闻,不敢确信,于是对他的老师潘崇说:"怎么样才能探明这件事?"潘崇说:"请江芈吃饭但不要尊重他。"太子依计而行。江芈不被尊重,骂道:"唉!你这个被人役使的奴仆!怪不得君王想废掉你改立职呢。"商臣说:"此事确切了。"潘崇说:"你能侍奉他吗?"商臣说:"不能。"潘崇又说:"能到其他国家躲避吗?"商臣说:"不能。"潘崇最后说:"能发动大事(指政变)吗?"商臣说:"能。"于是率领宫中的宿卫军去攻打楚成王。楚成王请求吃了煮熟的熊掌再死,商臣不答应。楚成王于是自杀身亡。

【原文】

韩廆蚍相韩哀侯,严遂重于君,二人甚相害也。严遂乃令人刺韩廆于朝。韩廆走君而抱之,遂刺韩廆而兼哀侯。

田恒相齐,阚止重于简公。二人相憎而欲相贼也。田恒因行私惠以取其国,遂杀简公而夺之政。

戴欢为宋太宰,皇喜重于君。二人争事而相害也。皇喜遂杀宋君而夺其政。

狐突曰:"国君好内,则太子危;好外,则相室危。"

郑君问郑昭曰:"太子亦何如?"对曰:"太子未生也。"君曰:"太子已置,而曰'未生',何也?"对曰:"太子虽置,然而君之好色不已,所爱有子,君必爱之,爱之则必欲以为后,臣故曰'太子未生'也。"

韩廆给韩哀侯当宰相,严遂又被哀侯重用,两个人有极深的矛盾。严遂就派人在朝堂之上刺杀韩廆。韩廆跑到韩哀侯的跟前并抱住了哀侯,行刺的人刺韩廆时连带着刺死了韩哀侯。

田常在齐国当宰相,阚止被齐简公所重用。两个人由相互憎恨发展到相互起贼心。田常依凭推行个人的恩惠，最终夺取了齐国，于是杀死齐简公并夺取了他的政权。

戴欢当宋国的太宰，皇喜被国君重用。两个人争权夺利，矛盾极深。皇喜于是杀了宋君并夺取了他的政权。

狐突说："国君宠爱内宫的嫔妃，那么太子就很危险；国君宠爱外朝的嬖臣，那么宰相就很危险。"

郑国国君问郑昭道："太子怎么样呢？"郑昭回答道："太子还未出生呢。"郑君说："太子已立，可是你却说'还未出生'，为什么？"郑昭回答道："太子虽然已立，可是国君您一直喜好美色，您所宠爱的妃子有了儿子，您必定喜欢，喜欢就一定想立为太子，所以为臣我才说'太子还未出生'呢。"

六、敌国废置①

文王资费仲，而游于纣之旁，令之谏纣而乱其心。

荆王使人之秦，秦王甚礼之。王曰："敌国有贤者，国之忧也。今荆王之使者甚贤，寡人患之。"群臣谏曰："以王之贤圣，与国之资厚，愿荆王之贤人②，王何不深知之而阴有之，荆以为外用也，则必诛之。"

仲尼为政于鲁，道不拾遗，齐景公患之。黎且谓景公曰："去仲尼，犹吹毛耳。君何不迎之以重禄高位，遗哀公女乐以骄荣其意？哀公新乐之，必怠于政，仲尼必谏，谏必轻绝于鲁。"景公曰："善。"乃令黎且以女乐二八遗哀公，哀公乐之，果怠于政。仲尼谏，不听，去而之楚。

①敌国废置：这是第六种隐微，指敌对的国家相互干涉内政，对臣下的废黜与起用加以干涉。
②愿：担心，担忧。

译文

周文王资助费仲，让他到殷纣王的身旁，使他劝谏纣王而扰乱纣王的思想。

楚王派使者到秦国，秦王对使者十分尊重。秦王说："敌国有贤能的人，是本国的忧患。如今楚国的使者十分贤能，我很担心。"群臣劝谏道："凭大王的贤能圣明，以及我们秦国雄厚的财富，如果您担心楚王有贤能之人，为什么不进一步与这个使者来往从而暗中控制他呢？这样一来，楚国以为这个使者被外国利用了，一定会诛杀他的。"

孔子在鲁国推行治国方略之时，社会秩序安定，丢失在路上的东西都没有人去拾,齐景公引以为患。黎且对齐景公说:"让孔子离开鲁国,犹如吹走一根毫毛一样容易。您为什么不用优厚的俸禄和高贵的职位将他迎到齐国来,再送给鲁哀公一队女乐让他骄傲自满?鲁哀公刚开始定会喜欢这些女乐的,那么必定会懈怠政事,孔子一定会劝谏鲁哀公,一劝谏,他们的关系必定破裂。"齐景公说:"说得好。"于是让黎且将十六个人的女乐送给鲁哀公,鲁哀公喜欢上了这些歌舞,果然懈怠了朝政。孔子劝谏,鲁哀公不听从,孔子于是离开鲁国到楚国去了。

原文

楚王谓干象曰:"吾欲以楚扶甘茂而相之秦,可乎?"干象对曰:"不可也。"王曰:"何也?"曰:"甘茂少而事史举先生。史举,上蔡之监门也,大不事君,小不事家,以苛刻闻天下,茂事之顺焉。惠王之明,张仪之辩也,茂事之,取十官而免于罪,是茂贤也。"王曰:"相人敌国而贤,其不可何也?"干象曰:"前时王使邵滑之越,五年而能亡越。所以然者,越乱而楚治也。昔者知用之越,今忘之秦,不亦太亟忘乎?"王曰:"然则为之奈何?"干象对曰:"不如相共立。"王曰:"共立可相,何也?"对曰:"共立少见爱幸,长为贵卿,被玉衣,含杜若,握玉环,以听于朝,且利以乱秦矣。"

注释

①被:通"披"。
②杜若:一种香草名。

译文

楚王对干象说:"我想凭借楚国的力量扶持甘茂当秦国的宰相,可以吗?"干象回答说:"不可以。"楚王说:"为什么?"干象说:"甘茂在年轻的时候曾侍奉史举先生。史举是上蔡这个地方的守门人,他上不侍奉君王,下不屑于治家,以苛刻闻名天下,可是甘茂侍奉他,对他十分恭顺。秦惠文王极明智,张仪极明察,甘茂侍奉他们,得到十个官位而没有被治罪,这说明甘茂很贤能。"楚王说:"让敌国的宰相贤能,为什么不可以呢?"干象说:"从前大王您派邵滑到越国,五年就让越灭亡。之所以这样,那是因为越国混乱而楚国安定。从前您知道将这一策略用于越国,今天却忘记用于秦国,您不也太健忘了吗?"楚王说:"那么怎么办呢?"干象答道:"倒不如让共立当秦国的宰相。"楚王说:"为什么可让共立为秦国的宰相?"干象说:"共立在年轻之时被宠爱,长大成人之后是贵卿,身穿玉衣,口含杜若,手握玉环。让这样的人当宰相,在朝堂之上听政,有利于扰乱秦国。"

吴攻荆,子胥使人宣言于荆曰:"子期用,将击之;子常用,将去之。"荆人闻之,因用子常而退子期也。吴人击之,遂胜之。

晋献公欲伐虞、虢,乃遗之屈产之乘,垂棘之璧、女乐二八,以荧其意而乱其政①。

叔向之谗苌弘也,为苌弘书,谓叔向曰:"子为我谓晋君,所与君期者,时可矣,何不亟以兵来?"因佯遗其书周君之庭而急去。周以苌弘为卖周也,乃诛苌弘而杀之。

①荧(yíng):炫惑。

吴国攻打楚国,伍子胥派人到楚国大肆宣扬:"楚国若用子期为帅,吴国就攻击他;若用子常为帅,将撤退离去。"楚国人听说后,信以为真,就任子常而罢免子期。吴国人攻击子常所率的部队,战胜了楚国。

晋献公想讨伐虞国和虢国,于是就送给他们屈产出的良马,垂棘出的玉璧,以及十六人组成的女子乐队,用以炫惑他们的心意,扰乱他们的政治。

叔向诬陷苌弘,就伪造了一份苌弘写给自己的信,信中苌弘对叔向说:"请您替我对晋国国君说,与他约定的事,时机已成熟了,为什么还不快派部队前来?"叔向又趁机假装将这封信丢失在周王的庭院,而后匆匆离去。周王以为苌弘在出卖周,于是杀死了苌弘。

郑桓公将欲袭郐①,先问郐之豪杰、良臣、辩智、果敢之士,尽举姓名②,择郐之良田赂之,为官爵之名而书之。因为设坛场郭门之外而埋之,衅之以鸡豭③,若盟状。郐君以为内难也,而尽杀其良臣。桓公袭郐,遂取之。

①郐(kuài):西周侯国。
②举:写,记。
③鸡豭(jiā):公鸡和公猪。

郑桓公计划袭击邻国，先打听到邻国的豪杰、良臣、善辩而智慧之士以及勇敢的人士，将他们的姓名全部罗列出来，再选择邻国的良田分封在他们名下，又捏造了官爵，列在他们名下，将这些都书写下来。然后又在郭门之外设立一个祭坛，将名单埋好，用公鸡和公猪的血祭祀，好像结盟发誓的样子。邻国国君发现后，以为这些人将发动叛乱，于是将他们全部杀掉。在这之后，郑桓公向邻国发动袭击，轻而易举地夺取了邻国。

原文

秦侏儒善于荆王，而阴有善荆王左右①，而内重于惠文君。荆适有谋，侏儒常先闻之，以告惠文君。

邺令襄疵，阴善赵王左右。赵王谋袭邺，襄疵常辄闻而先言之魏王。魏王备之，赵乃辍行。

卫嗣公之时，有人于县令之左右。县令发蓐而席弊甚②，嗣公还令人遗之席，曰："吾闻汝今者发蓐而席弊甚，赐汝席。"县令大惊，以君为神也。

①有：同"又"。
②蓐(rù)：席子，垫子。

秦国有个侏儒，与楚王关系不错，暗地里又与楚王身边的人交结，在秦国国内又受到惠文王的重用。楚国每次有什么谋略和计划，侏儒常常能够事先听到，并且告诉惠文王。

邺地的县令襄疵，暗中交结赵王身边的人。赵王谋划袭击邺地，襄疵事先打探到消息告诉了魏王。魏王有所准备，赵国停止了行动。

卫嗣公执政之时，暗中派人到县令的身边工作。有一次，县令打开草席，席子十分破旧，卫嗣公便派人送给县令一张席子，说："我听说你今天打开席子而席子十分破旧，所以赐给你一张新席。"县令十分惊奇，认为卫嗣公十分神明。

◎ 外储说·左上

题解

外储,明君观听臣下之言行,以决定其赏罚,赏罚在彼,所以叫"外"。由于篇幅太长,又用左、右、上、下分成四大部分。这一部分又分六个话题。

一、明主之道,如有若之应宓子①

原文

宓子贱治单父②,有若见之曰:"子何臞也③?"宓子曰:"君不知不齐不肖④,使治单父,官事急,心忧之,故臞也。"有若曰:"昔者舜鼓五弦,歌《南风》之诗而天下治。今以单父之细也⑤,治之而忧,治天下将奈何乎?故有术而御之,身坐于庙堂之上,有处女子之色,无害于治;无术而御之,身虽瘁臞,犹未有益。"

注释

①这句话的意思是:贤明君主的治国之道,要如有若回答宓子贱所说的一样,讲究法术和手段。
②单(shàn)父:地名,为当时鲁国之邑,在今山东单县。
③臞(qú):瘦弱。
④不齐:宓子贱的字。
⑤细:小。

译文

宓子贱治理单父这个地方之时,有若见到他后,问:"你怎么这么瘦?"宓子贱说:"国君不知道我才疏学浅,让我治理单父,公务繁杂,内心忧虑,所以瘦弱。"有若说:"从前舜弹奏五弦琴,吟诵《南风》诗,不经意间天下就治理好了。如今单父这个地方这么小,治理它尚且忧心忡忡,治理天下时又该如何呢?所以说,有法术治理国家,即使他本人坐在朝堂之上,保养得脸色如同少女一般,也不妨害对国家的治理;没有法术治理国家,即使自身憔悴消瘦,仍然没有什么成效。"

原文

楚王谓田鸠曰①:"墨子者,显学也。其身体则可,其言多不辩②,何也?"曰:"昔秦伯嫁其女于晋公子,令晋为之饰装,从文衣之媵七十人③。至晋,晋人爱其妾而贱公女。此可谓善嫁妾,而未可谓善嫁女也。楚人有卖其珠于郑者,为木兰之柜,薰以桂椒,缀以珠玉,饰以玫瑰④,辑以翡翠。郑人买其椟而还其珠。此可谓善卖椟矣,未可谓善鬻珠也。今世之谈也,皆道辩说文辞之言,人主览其文而忘有用。墨子之说,传先王之道,论圣人之言,以宣告人。若辩其辞,则恐人怀其文,忘其真,以文害用也。此与楚人鬻珠、秦伯嫁女同类,故其言多不辩。"

①田鸠:齐国人,墨子学说的传人。
②辩:花言巧语。
③媵(yìng):陪嫁的妾。
④玫瑰:一种有光泽的宝珠。

楚王对田鸠说:"墨子的学派,是个很时髦很显赫的学派。他们身体力行还可以,言辞却大多笨拙,这是为什么?"田鸠说:"从前秦穆公将他的女儿嫁给晋国的公子,让令晋替她装饰打扮,还让七十个穿着华丽的女子当陪嫁之妾。到了晋国,晋国人喜欢这些穿着华丽的小妾而看不起秦伯的女儿。这叫作善于嫁妾,不能叫善于嫁女。有一个楚国人,到郑国去卖宝珠,用香木做了一个匣子,再用肉桂、花椒等香料加以熏蒸,最后再在匣子上缀上珠玉,用有光泽的宝珠装饰,采集翡翠点缀。结果郑国人买了他的匣子而将宝珠送还。这叫作善于卖匣子,不能叫善于卖宝珠。现在社会上的言谈,都是些花言巧语、浅薄浮泛的言论,君主往往只注意它们表面的华美而忘记了解它的真正价值。墨子的学说,承传先王的道理,阐述圣人的言论,向世人宣扬。若将其学说弄得言辞华丽,就担心人们只注意它的外表而忘记它实用的价值,从而让外表损害它的功用。这与楚人卖珠、秦伯嫁女是同样的道理,所以墨子的学说多半不是巧于辞令的。"

墨子为木鸢①,三年而成,蜚一日而败②。弟子曰:"先生之巧,至能使木鸢飞。"墨子曰:"吾不如为车輗者巧也③。用咫尺之木,不费一朝之事,而引三十石之任,致远力多,久于岁数。今我为鸢,三年成,蜚一日而败。"惠子闻之曰:"墨子大巧,巧为輗,拙为鸢。"

【注释】

①鸢(yuān)：老鹰。
②蜚(fēi)：同"飞"。
③輗(ní)：大车辕端与横木相接的关键。古代称牛拉的载重车为"大车"。

【译文】

墨子制造木鹰，三年才制成，可是飞了一天就坏了。墨子的弟子说："先生心灵手巧，竟然能够让木鹰飞起来。"墨子说："我比不上制造车輗的人手巧。人家用一尺左右的木头，不费一天的工夫，就能制成车輗，让车承载几千斤的重量，又能跑远路，又有潜力，还可以用好多年。如今我造木鹰，三年才成，飞了一天就坏了。"惠施听说此事后说："墨子才懂得什么是真正的技巧，他认为制造简单的车輗是大技巧，而制造复杂的木鹰却是笨拙的。"

【原文】

宋王与齐仇也，筑武宫，讴癸倡①，行者止观，筑者不倦。王闻，召而赐之。对曰："臣师射稽之讴，又贤于癸。"王召射稽使之讴，行者不止，筑者知倦。王曰："行者不止，筑者知倦，其讴不胜如癸美，何也？"对曰："王试度其功。"癸四板，射稽八板；擿其坚②，癸五寸，射稽二寸。

【注释】

①倡：同"唱"。
②擿(zhì)：本意为捶击，此处意为测试。

【译文】

宋王与齐国有仇，所以修筑武宫城防备齐国。有一个叫癸的歌唱家唱歌，致使行路的人都停下来观看，筑城的人不知疲倦。宋王听说之后，召来癸，赏赐给他礼物。癸回答道："我的老师射稽的歌唱技术，又胜过我。"宋王召来射稽让他唱歌，结果行路的人不停下来，筑城的人感到很疲倦。宋王说："行路的人不停下来，筑城的人感到很疲倦，说明你的歌唱技术比不上癸，为什么呢？"射稽回答道："大王试着检验一下各人唱歌的效果。"检验的结果是，癸唱歌之时，筑城的人筑了四板墙，射稽唱歌之时，筑城的人却筑了八板墙；测试墙体的坚硬程度，癸唱歌时人们筑的墙能戳进五寸深，而射稽唱歌时人们筑的墙却只能戳进二寸深。

【原文】

夫良药苦于口，而智者劝而饮之，知其入而已己疾也①。忠言拂于耳，而明主听之，知其可以致功也。

①已：治疗。

良药往往是十分苦口的，可是明智的人却主动喝良药，是因为知道喝下药后可以治好自己的疾病。诚恳劝告的言辞往往是不中听的，可是贤明的君主仍去听取忠言，那是因为他知道这些忠言可以成就功业。

二、人主之听言，以功用为的①

原文

宋人有请为燕王以棘刺之端为母猴者，必三月斋②，然后能观之。燕王因以三乘之奉养之。右御冶工言王曰："臣闻人主无十日不燕之斋③，今知王不能久斋，以观无用之器也，故以三月为期。凡刻削者，以其所以削必小。今臣冶人也，无以为之削。此不然物也，王必察之。"王因囚而问之，果妄。乃杀之。冶人谓王曰："计无度量④，言谈之士，多棘刺之说也。"

①这句话的意思是：君主听取意见，应以实际的功效作为衡量的标准。
②斋：斋戒。
③燕：通"宴"，饮酒。
④计：考核。

宋国有个人，请求给燕王在酸枣树针刺的顶端刻一只母猴，说是必须得经过三个月的斋戒，然后才能观察到。燕王信以为真，于是用三乘马车的待遇将这个人养了起来。燕王的车夫是冶工出身，对燕王说："为臣我听说君主们没有超过十天不宴饮的斋戒，如今这个人知道大王您不能够长久斋戒，用以观察那个所谓的无用的东西，所以才以三个月为期限。凡是雕刻东西，所用的雕刻工具必定小于成品。如今为臣我是冶工出身，我无法打造出这么小的雕刻工具。这个人所说的在酸枣树针刺上雕刻母猴的事，一定是不存在的，大王您必须明察。"燕王于是囚禁了这个宋国人并且审问他，他所说的话果然是虚妄的，燕王于是将他杀掉。这个冶工又对燕王说："考核官吏没有一定的标准，致使言谈之士，大多敢说在酸枣树针刺上雕刻母猴这样的话。"

儿说,宋人善辩者也,持"白马非马也",服齐稷下之辩者。乘白马而过关,则顾白马之赋①。故籍之虚辞②,则能胜一国;考实按形,不能谩于一人。

注释

①顾:这里指纳税。
②籍:通"藉",凭借。

儿说,是宋国一个善于辩论的人,他坚持"白马不是马"这个论点,使齐国稷下善于辩论的人都折服。有一次,儿说乘一匹白马过关口,收税的人看到白马之后,让他按白马的标准缴纳税金。所以说,儿说凭借浮言虚辞,能够战胜一国之人,但是若按实际情况考察,他连一个守关口的人都瞒不过。

夫新砥砺杀矢,彀弩而射①,虽冥而妄发,其端未尝不中秋毫也,然而莫能复其处,不可谓善射,无常仪的也。设五寸之的,引十步之远,非羿、逢蒙不能必全者,有常仪的也。有度难而无度易也。有常仪的,则羿、逢蒙以五寸为巧;无常仪的,则以妄发而中秋毫为拙。故无度而应之,则辩士繁说;设度而持之,虽知者犹畏失②,不敢妄言也。今人主听说,不应之以度,而说其辩;不度以功,誉其行,而不入关③。此人主所以长欺,而说者所以长养也。

客有教燕王为不死之道者,王使人学之。所使学者未及学,而客死。王大怒,诛之。王不知客之欺己,而诛学者之晚也。夫信不然之物,而诛无罪之臣,不察之患也。且人所急,无如其身,不能自使其无死,安能使王长生哉?

①彀(gòu):拉满弓。
②知者:即"智者"。
③关:指衡量。

116

在磨刀石上新打磨出来的利箭,拉满弓射出去,即使是闭着眼睛胡乱射去,那箭头没有射不中微小东西的。可是不可能再射到第一次所射的地方,还不能叫善于射箭,因为没有固定的箭靶子。设置一个五寸大小的箭靶子,再后退十步远,不是后羿、逢蒙这样的神射手不能全部射中,那是因为有固定的箭靶子。有了标准就难办到,没有标准就易于办到。有固定的箭靶子,那么后羿、逢蒙这样的神射手能射中五寸大的靶子,就被认为是技艺高超;没有固定的箭靶子,那么凭胡乱射出而击中细微的东西,也只能算是笨拙。所以若没有一定的标准来衡量言论,善辩的人便会信口开河;设立一定的标准而去衡量言论,即使是聪明睿智的人也担心说错,不敢胡说八道。可是如今的君主听取言论,不用一定的标准去衡量,却喜欢听游说之人巧辩;不用实际的功效去检验,却赞誉他们的行为,也不用一定的规范加以考察。这就是君主长期被欺骗,游说之士长期被供养的原因。

　　有一个客人,要教给燕王长生不死的法术,燕王于是派人前去学习。但是派去学习的人还未来得及学会,这个客人就死去了。燕王大怒,杀死了前去学习的人。燕王不知道那个客人是在欺骗自己,却因为学习的人速度太慢而将他杀掉。轻信不可能的事情,而诛杀没有罪过的臣子,这就是不明察的祸患啊。况且人最关切的,就是自身的生命,客人不能让自己免于死亡,又怎能让燕王长生不老呢?

　　郑人有相与争年者。一人曰:"吾与尧同年。"其一人曰:"我与黄帝之兄同年。"讼此而不决,以后息者为胜耳。

　　客有为齐王画者,齐王问曰:"画,孰最难者?"曰:"犬马最难。""孰易者?"曰:"鬼魅最易。"夫犬马,人所知也,旦暮罄于前①,不可类之,故难。鬼魅,无形者,不罄于前,故易之也。

　　齐有居士田仲者,宋人屈谷见之,曰:"谷闻先生之义②,不恃仰人而食。今谷有巨瓠③,坚如石,厚而无窍,献之。"仲曰:"夫瓠所贵者,谓其可以盛也。今厚而无窍,则不可以盛物;而坚如石,则不可以剖而以斟。吾无以瓠为也。"曰:"然,谷将弃之。"今田仲不恃仰人而食,亦无益人之国,亦坚瓠之类也。

①罄:看见。
②义:此处指道德标准。

③瓠(hù)：一年生草本植物，类似葫芦。

有两个郑国人，因为年纪的大小而争执不已。一个人说："我与尧同年出生。"另一个人则说："我与黄帝的哥哥同年出生。"两人因为这个问题而争论不休，无法决断，只好以最后停止争论的人为胜者。

有个客人，为齐王作画，齐王问他："画画，什么最难画？"客人回答道："画狗画马最难。"齐王又问："什么最好画？"客人说："鬼魅一类的东西最好画。"狗和马，是人人所熟悉的，从早到晚都在眼前走动，画出来不能不像，所以难画。鬼魅之类是无形的东西，谁也没见过，因而容易画。

齐国有一个隐士，名叫田仲。宋国人屈谷前去拜见他，说："我听说先生的道德标准，是不依靠别人而生活。如今我有一只巨大的葫芦，坚硬如石，实心不空，我将它献给你。"田仲说："葫芦的价值，在于它能装东西。如今它实心无空，就不可能装东西；又坚硬如石，也就不能剖开舀东西。我要它没什么用处。"屈谷说："说得对，我将扔掉它。"如今田仲不依靠别人生活，也是无益于国家的人，犹如坚硬的实心葫芦。

三、挟夫相为则责望，自为则事行①

人为婴儿也，父母养之简，子长而怨。子盛壮成人，其供养薄，父母怒而诮之②。子父，至亲也，而或谯或怨者，皆挟相为而不周于为己也。夫卖庸而播耕者，主人费家而美食，调布而求易钱者③，非爱庸客也，曰：如是，耕者且深、耨者且熟云也。庸客致力而疾耘耕，尽巧而正畦陌者，非爱主人也，曰：如是，羹且美、钱布且易云也。此其养功力，有父子之泽矣，而心调于用者，皆挟自为心也。故人行事施予，以利之为心，则越人易和；以害之为心，则父子离且怨。

①这句话的意思是：心怀依赖别人的打算，便会相互责备怨恨；心怀为自己着想的打算，事事都能成功。
②诮(qiào)：责骂。
③布：钱币。

人在婴儿时期，父母如果不精心抚养他，他长大成人后就会心生怨恨。孩子成家立业后，如果对父母的赡养不丰厚，父母就会气愤并且责骂他。父子关系是最亲密的关系，可是仍要发生责骂或怨恨的现象，那是因为他们都怀着依赖对方的心理，而认为对方对自己不周到。那些出卖劳力而为人播种、耕作的人，主家费尽心思为他们准备可口的饭菜，设法付给他们工钱，不是主家喜欢雇工，而是他认为，只有这样，雇工才会深深地耕作，仔细地锄草。雇工竭尽全力加速耕作，用尽技巧精心整理田垄，也不是因为喜欢主家，而是认为，只有这样，主家才会提供精美的饭食，自己才容易拿到工钱。在这种买卖关系中，含有父子一般的恩泽，都在为他人周到地考虑，其本质却都是怀着自己为自己的打算。所以人们在处理付出与回报的关系时，以利己利人为原则，那么即使是荒远之地的越国人，也容易相处；以损人利己为原则，那么即使是亲如父子的关系，也会离心离德，产生怨恨。

蔡女为桓公妻，桓公与之乘舟，夫人荡舟，桓公大惧，禁之，不止，怒而出之①。乃且复召之，因复更嫁之。桓公大怒，将伐蔡。仲父谏曰："夫以寝席之戏，不足以伐人之国，功业不可冀也。请无以此为稽也②。"桓公不听。仲父曰："必不得已，楚之菁茅不贡于天子三年矣，君不如举兵为天子伐楚。楚服，因还袭蔡，曰：'余为天子伐楚，而蔡不以兵听从，因遂灭之。'此义于名而利于实，故必有为天子诛之名，而有报仇之实。"

吴起为魏将而攻中山。军人有病疽者③，吴起跪而自吮其脓。伤者之母立而泣，人问曰："将军于若子如是，尚何为而泣？"对曰："吴起吮其父之创而父死，今是子又将死也，吾是以泣。"

①出：指男子将妻子休弃。
②稽：即"计"。
③疽(jū)：毒疮。

译文

蔡侯的女儿嫁给齐桓公为妻，桓公与夫人乘船游玩，夫人摇晃船身，桓公十分害怕，让她不要再摇，可是夫人却不停止。桓公一怒之下，将她休回娘家。不久，桓公又召她回来,可是蔡侯已将女儿另嫁他人。桓公十分生气,准备讨伐蔡国。管仲劝谏道:"凭夫妻之间开玩笑的小事,不足以成为讨伐别国的理由,也不要希望能建立什么功业,请不要以此作为计策。"齐桓公不听劝阻。管仲又说:"若实在咽不下这口气,可以这样:楚国已经有三年没有按规定向天子进贡菁茅了,您不如率领部队替天子讨伐楚国。征服了楚国之后,在回来的路上趁机袭击蔡国,并且说:'我替天子讨伐楚国,可是蔡国却不听从命令,因而要灭掉它。'这是用正义的名义取得实际的利益,所以必须有替天子实行诛杀的名义,才能达到报私仇的真实目的。"

吴起担任魏国的将军去攻打中山国。军中有一个士兵长了毒疮,吴起亲自跪下为这个士兵吮吸毒疮的脓血。这个士兵的母亲看见后,站在那里哭泣不止。有人问她:"将军如此对待你的儿子,你为什么还哭泣呢?"士兵的母亲回答道:"吴起曾经为我的丈夫吮吸脓血,结果我的丈夫战死了。如今眼看着我的儿子又将会战死,我正是为此才哭泣。"

文公反国,至河,令笾豆捐之①,席蓐捐之,手足胼胝②、面目黧黑者后之。咎犯闻之而夜哭。公曰:"寡人出亡二十年,乃今得反国,咎犯闻之,不喜而哭,意不欲寡人反国邪?"犯对曰:"笾豆,所以食也,席蓐,所以卧也,而君捐之;手足胼胝、面目黧黑,劳有功者也,而君后之。今臣有与在后,中不胜其哀,故哭。且臣为君行诈伪以反国者众矣,臣尚自恶也,而况于君?"再拜而辞。文公止之曰:"谚曰:'筑社者,攓撅而置之③,端冕而祀之。'今子与我取之,而不与我治之;与我置之,而不与我祀之焉?"乃解左骖而盟于河。

①笾(biān)豆:古代盛放食物的器皿。
②胼胝(pián zhī):趼子。
③攓撅(qiān guì):撩起衣服。

晋文公返回晋国之时,到了黄河边,下令将盛放食物的器皿扔掉,将睡觉铺的席子也扔掉,又命令手脚上长有趼子的人、脸面晒黑的人,都到队伍的后面。咎犯听说之后,晚上痛哭不已。晋文公说:"我在外流亡二十年,今天才得以返国,可是你知道此事之后,不是欢喜,反而哭泣,难道你不想让我返回晋国吗?"咎犯回答道:"笾豆,是用来吃饭的器皿,席子,是用来睡觉的,可是您却抛弃;手脚长有趼子、脸面晒黑的人,是劳苦功高的人,可是您却让他们靠后。如今我也该走在队伍的后面，我感到非常难过，所以哭泣。更不要说我为了使您能返回晋国，做了许多欺诈虚伪的事，连我自己都有点儿厌恶自己，更何况是您呢？"他拜了又拜，请求告辞。晋文公劝阻住他，说："俗话说：修筑神社的人，撩起衣服卖力地工作，端正衣服帽子虔诚地去祭祀。如今你帮我取得了国家，却不协同我去治理，岂不是与我一起修筑了神社，却不与我一同前去祭祀吗？"晋文公于是解下左边驾车的马杀掉，在黄河边与咎犯盟誓。

原文

郑县人卜子，使其妻为裤。其妻问曰："今裤何如？"夫曰："象吾故裤。"妻因毁新，令如故裤。

郑县人有得车轭者①，而不知其名，问人曰："此何种也？"对曰："此车轭也。"俄又复得一，问人曰："此何种也？"对曰："此车轭也。"问者大怒曰："曩者曰车轭②，今又曰车轭，是何众也？此女欺我也！"遂与之斗。

卫人有佐弋者，鸟至，因先以其裷麾之③，鸟惊而不射也。

郑县人卜子妻之市，买鳖以归。过颍水，以为渴也，因纵而饮之，遂亡其鳖。

①轭(è)：牛马等拉东西时架在脖子上的器具。
②曩(nǎng)者：先前，从前。
③裷(yuān)：遮盖东西的巾帕。 麾：挥。

郑县有个叫卜子的人，他让妻子给自己做一条裤子。妻子问道："新裤子做成什么样子？"卜子说："照我旧裤子的样子去做。"他的妻子于是将新裤子弄破，让它与旧裤子一模一样。

有个郑县人，拾到一个车轭，不知道叫什么，就问人："这是什么？"别人回答道："这是车轭。"过了一会儿，他又捡到一个，又问人："这是什么？"人家回答道："这是车轭。"这个郑县人非常生气，说："刚才说是车轭，现在又说是车轭，怎么会有这么多的车轭？你是在欺骗我！"于是和那个人打了起来。

有个卫国人，协助别人射鸟，鸟来了，他先拿了块巾帕在那儿挥动，结果鸟受到惊吓飞走了，没有被射着。

郑县人卜子的妻子到集市，买了一只甲鱼回来。路过颍河，她认为甲鱼口渴了，就将甲鱼放入河水中让它喝水，岂知竟丢了甲鱼。

【原文】

书曰:"绅之束之。"宋人有治者,因重带自绅束也。人曰:"是何也?"对曰:"书言之,固然。"

书曰:"既雕既琢,还归其朴。"梁人有治者,动作言学,举事于文,曰:"难之。"顾失其实。人曰:"是何也?"对曰:"书言之,固然。"

郢人有遗燕相国书者,夜书,火不明,因谓持烛者曰:"举烛。"而误书"举烛"。举烛,非书意也。燕相受书而说之,曰:"举烛者,尚明也;尚明也者,举贤而任之。"燕相白王,王大说,国以治。治则治矣,非书意也。今世学者多似此类。

郑人有欲买履者,先自度其足,而置之其坐①,至之市而忘操之。已得履,乃曰:"吾忘持度。"反归取之。及反,市罢,遂不得履。人曰:"何不试之以足?"曰:"宁信度,无自信也。"

①坐:通"座",座位。

古书上讲:"约束自己,约束自己。"宋国有个人钻研古书,没有理解这句话的真正含义,于是按照字面意义,用重叠的衣带束住自己腰围。有人问道:"这是干什么?"他回答道:"古书上说要这样做,我照书上说的来做。"

古书上讲:"既雕刻又琢磨,回归它本来的质朴样子。"梁国有个人研究古书,没有理解这句话的真实含义,只是按照字面意义,一举一动都去刻意雕琢,还说:"做到这一点真难啊。"结果是反而失掉他原来的本性。有人问他:"这是为什么?"他答道:"古书上这样讲,我照书上要求的来做。"

楚国郢都有个人要给燕国的宰相写信,晚上书写之时,灯火不明,于是对举烛火的人说:"举高蜡烛。"嘴里说着,顺手在信中也写了"举烛"二字。可是"举烛"却并非信中的本意。燕国的宰相收到信后,很高兴,说:"举烛的含义,是崇尚光明;崇尚光明,即推举贤能的人并任用他们。"燕国的宰相还将这一意思转告给了燕王,燕王十分高兴,推行这一政策,燕国大治。可是治理得好归治理得好,却并非信中的本意。如今社会上的学者,也多与此相类似。

郑国有个人,想买鞋子,事先量好脚的大小,将尺码放在座位上。等他到了集市,才发现忘记带尺码了。已经挑好了一双鞋,才想起来说:"我忘记带鞋的尺码了。"于是返回去取。等他拿上尺码再次回来时,集市已经散了。有人说:"为什么不用脚去试鞋呢?"他说:"我宁愿相信尺码,也不相信自己的脚。"

四、利之所在，民归之；名之所彰，士死之①

原文

壬登为中牟令，上言于襄主曰②："中牟有士曰中章、胥己者，其身甚修，其学甚博，君何不举之？"主曰："子见之，我将以为中大夫。"相室谏曰："中大夫，晋重列也，今无功而受③，非晋国之章。君其耳而未之目邪！"襄主曰："我取登，既耳而目之矣；登之所取，又耳而目之。是耳目人绝无已也。"壬登一日而见二中大夫，予之田宅。中牟之人弃其田耘、卖宅圃而随文学者，邑之半。

叔向御坐，平公请事。公腓痛足痹④，转筋而不敢坏坐。晋国闻之，皆曰："叔向贤者，平公礼之，转筋而不敢坏坐。"晋国之辞仕托慕叔向者，国之垂矣⑤。

注释

①这句话的意思是：能得到利益的地方，民众自然归向；能够彰显名声的事，士人自然卖命。
②襄主：即赵襄子。
③受：同"授"，授官。
④腓(féi)：腿肚子。 痹(bì)：肢体疼痛麻木。
⑤垂：一半。

译文

壬登担任中牟县令之时，向赵襄子进言道："中牟县有两个士子，名叫中章和胥己，他俩很有修养，学问也很渊博，您为什么不提拔他们呢？"赵襄子说："你让他们来见我，告诉他们我将任用他们为中大夫。"相室规谏赵襄子说："中大夫是晋国的重要官职，如今这两个人没有功劳就被授以这样的官职，不符合晋国任用人才的章程。您对他们只是耳闻其名而未亲眼看到啊！"赵襄子说："我在任用壬登之时，已经耳闻其名，目睹其人了；壬登所举荐的人，又耳闻目睹了。这样说来用耳朵和眼睛考察人就从没有停止过。"壬登一天之内就带两个人去见赵襄子，赵襄子任命他们为中大夫并授给他们田地和住宅。从此之后，中牟县中放弃耕种、变卖住宅而去追随文学之士的人，占了这个县城的一半。

叔向陪晋平公在宫中坐着，晋平公向他请教问题。晋平公坐得腿肚子疼痛，脚麻木甚至抽筋，可是仍正襟危坐，不敢躺卧。晋国人听说此事后，都说："叔向是个贤明的人，平公那样礼待他，即使腿抽筋都不敢躺卧。"于是在晋国，辞掉官职、舍弃权势而仿效叔向的人，占了全国的一半。

原文

赵主父使李疵视中山可攻不也。还报曰:"中山可伐也。君不亟伐,将后齐、燕。"主父曰:"何故可攻?"李疵对曰:"其君见好岩穴之士,所倾盖与车以见穷闾隘巷之士以十数,伉礼下布衣之士以百数矣。"君曰:"以子言论,是贤君也,安可攻?"疵曰:"不然。夫好显岩穴之士而朝之,则战士怠于行阵;上尊学者,下士居朝,则农夫惰于田。战士怠于行阵者,则兵弱也;农夫惰于田者,则国贫也。兵弱于敌,国贫于内,而不亡者,未之有也。伐之不亦可乎?"主父曰:"善!"举兵而伐中山,遂灭也。

译文

赵国的主父派李疵去探察一下中山国是否可以攻伐。李疵回来后报告说:"中山国可以去讨伐。您若不赶快去攻伐,恐怕会落到齐国和燕国的后头。"主父问:"凭什么说可以攻伐?"李疵回答道:"中山国的国君接见并喜欢隐居之士,他亲自乘车前去拜见的小街小巷中的隐士有几十位,用平等礼节对待的普通人士也达数百位。"主父说:"依照你的话来评价,应该是个贤明的君主,怎么可以攻伐呢?"李疵说:"不能这样认为。君主喜欢隐士并且拜见他们,那么战士就会在作战时懈怠;君主尊重学者,文士在朝廷中做官,那么农夫就会懒于种地。战士在作战时懈怠,则兵力削弱;农夫懒于种田,则国家贫困。对外作战兵力削弱,本国之内国家贫困,在这样的形势下国家不灭亡的,从未有过。讨伐中山国不也是可行的吗?"主父说:"说得好!"于是起兵讨伐中山国,将它灭掉了。

五、"不躬不亲,庶民不信" ①

原文

齐桓公好服紫,一国尽服紫。当是时也,五素不得一紫。桓公患之,谓管仲曰:"寡人好服紫,紫贵甚,一国百姓好服紫不已,寡人奈何?"管仲曰:"君欲止之,何不试勿衣紫也?谓左右曰:'吾甚恶紫之臭②。'于是左右适有衣紫而进者③,公必曰:'少却!吾恶紫臭。'"公曰:"诺。"于是日,郎中莫衣紫;其明日,国中莫衣紫;三日,境内莫衣紫也。

子产相郑,简公谓子产曰:"饮酒不乐,俎豆不大,钟、鼓、竽、瑟不鸣,寡人之任也。国家不定,百姓不治,耕战不辑睦,亦子之任。子有职,寡人亦有职,各守其职。"子产退而为政。五年,国无盗贼,道不拾遗,桃枣之荫于街者,莫援也;锥刀遗道,三日可反。三年不变,民无饥也。

①这句话出自《诗经·小雅·节南山》,意思是:君主若不亲自身体力行,群众便不会相信。
②臭(xiù):气味。
③适:若,如果。

齐桓公喜欢穿紫色的衣服,致使紫色的衣服在全国风行。当时,五匹没有染色的布还换不到一匹紫色的布。桓公对此很忧虑,就对管仲说:"我喜欢穿紫色的衣服,所以紫色的衣料特别昂贵,全国的百姓都流行穿紫衣而没完没了,我该怎么办呢?"管仲说:"想要止住这种风气,为什么不去尝试自己不穿紫衣呢?您可以对身边的人说:'我非常讨厌紫衣的气味。'如果这时正好有一个穿紫衣的侍从走进来,您一定得说:'靠后一点!我讨厌紫衣的气味。'"齐桓公说:"好吧。"依照管仲所说的去做,当天,君主的侍从便没人穿紫衣服了;第二天,都城中的人没有穿紫衣服的了;到了第三天,全国都没有穿紫衣服的人了。

子产任郑国的宰相,郑简公对子产说:"如果饮酒不快乐,俎豆等祭器不大,钟、鼓、竽、瑟等乐器不响亮,那是我的失职。如果国家不安定,老百姓治理不好,耕种和作战的人不团结和睦,也该是你的失职。你有你的职责,我也有我的职责,我们俩各守其职。"于是子产全心全意地执政。五年之后,国境之内没有盗贼,道不拾遗,桃树、枣树成荫结果,树枝垂到街面上,也没人伸手攀摘;锥子、刀子之类的东西丢失在路上,三天后还能找回来。郑国多年来一直如此,老百姓没人挨饿。

宋襄公与楚人战于涿谷上。宋人既成列矣,楚人未及济。右司马购强趋而谏曰:"楚人众而宋人寡,请使楚人半涉未成列而击之,必败。"襄公曰:"寡人闻君子'不重伤,不擒二毛①,不推人于险,不迫人于厄,不鼓不成列。'今楚未济而击之,害义。请使楚人毕涉成陈而后鼓士进之②。"右司马曰:"君不爱宋民,腹心不完,特为义耳。"公曰:"不反列,且行法。"右司马反列,楚人已成列撰陈矣,公乃鼓之。宋人大败,公伤股,三日而死。此乃慕仁义之祸。夫必恃人主之自躬亲,而后民听从,是则将令人主耕以为食,服战雁行也,民乃肯耕战,则人主不泰危乎?而人臣不泰安乎?

齐景公游少海③，传骑从中来谒曰④："婴疾甚，且死，恐公后之。"景公遽起，传骑又至。景公曰："趋驾烦且之乘，使驺子韩枢御之。"行数百步，以驺为不疾，夺辔代之御；可数百步，以马为不进，尽释车而走。以烦且之良，而驺子韩枢之巧，而以为不如下走也。

①二毛：指长有白头发的老年人。
②陈(zhèn)：同"阵"，战阵。
③少海：渤海。
④传骑(zhuàn jì)：驿站的骑士，传递公文和情报。

宋襄公与楚国人在涿谷展开战斗。宋国人已经摆好阵势了，楚国人还没有渡过河水。宋襄公的右司马购强有礼貌地小步走上前来劝谏道："楚国人多而宋国人少。请您下令让我们在楚国人渡了一半河还未摆好阵势时出击，一定能击败他们。"宋襄公说："我曾听说：'正人君子不伤害已受伤的人，不俘虏头发花白的人，不将人置于险地，不逼人到困境之中，不击鼓进攻没有摆好阵势的敌人。'如今楚国人尚未渡过河就攻击他们，不合道义。等楚国人渡过河摆开阵势后，再击鼓进攻他们吧。"右司马说："不怜惜宋国的民众被剖腹剜心，却一味地讲什么道义。"宋襄公说："你如果还不返回队列中去，将用军法治罪。"右司马只好返回队列，此时楚国人已经排成行列，摆开阵势了，宋襄公于是击鼓进攻。结果宋国人大败，宋襄公大腿受伤，三日后即死去。这就是徒慕亲自实行仁义的祸患。凡事如果一定得等君主亲自去做，然后民众才听从，那么是在让君主耕田而食，像大雁一样亲自排在队列中作战，然后民众才肯耕种作战，这样一来，君主不也太危险了吗？人臣不也太安逸了吗？

齐景公在渤海游玩，驿站的骑士从国都驰来报告说："宰相晏婴病情危急，将要死去，请您快回去，否则就见不上他了。"齐景公立刻启程，又一个驿站的骑士驰来。齐景公说："快去驾那匹名叫烦且的良马，让马夫韩枢驾车。"走了几百步，齐景公认为马夫驾车不快，夺过缰绳亲自驾车；又走了几百步，认为良马还不够快，便从车上跳下来自己向前奔跑。凭着烦且这样的良马以及马夫韩枢这样高的驾车技巧，齐景公竟然认为不如跳下车自己跑快。

孔子曰："为人君者，犹盂也，民，犹水也。盂方水方，盂圆水圆。"
邹君好服长缨。左右皆服长缨，缨甚贵。邹君患之，问左右，左右曰："君好服，百姓亦多服，是以贵。"君因先自断其缨而出，国中皆不服长缨。

君不能下令为百姓服度以禁之,乃断缨出以示民,是先僇以莅民也。

韩昭侯谓申子曰:"法度甚不易行也。"申子曰:"法者,见功而与赏,因能而受官①。今君设法度,而听左右之请,此所以难行也。"昭侯曰:"吾自今以来,知行法矣,寡人奚听矣。"一日,申子请仕其从兄官。昭侯曰:"非所学于子也。听子之谒、败子之道乎?亡其用子之术而废子之谒?"申子辟舍请罪②。

①受:即"授",授予官职。
②辟(bì)舍:避开正房不住而住在其他地方,表示诚惶诚恐。

孔子说:"当君主的,好似一个盂,而老百姓则好像水。盂是方的,水也是方的;盂是圆的,水也是圆的。"

邹国的国君喜欢佩挂长帽带,他身旁的侍从也都佩挂长帽带,致使长帽带十分昂贵。邹君对此十分忧虑,询问侍从,侍从说:"国君您喜欢佩挂长帽带,老百姓也跟着佩挂长帽带,所以长帽带才昂贵。"邹国国君于是首先自己剪断长帽带走出宫外巡视,因此国境内的人都不再佩挂长帽带。国君不可能下命令让百姓穿戴什么不穿戴什么,却可以自己割断帽带出来巡视为百姓作表率,这是通过使自己先受处罚的方式来统治民众。

韩昭侯对申不害说:"法度非常不容易施行啊!"申不害说:"所谓法度,就是有了功劳才奖赏,根据才能而授官。如今国君您虽然设立了法度,可是却听从身旁人的请求,这就是法度难以施行的原因。"韩昭侯说:"从今之后,我知道怎样推行法度了,我也知道该听从什么意见了。"之后有一天,申不害请求昭侯授给他的堂兄一个官职。韩昭侯说:"这不是我从你那里学到的那一套。你是让我批准你的请求从而败坏你的原则呢?还是坚持你所说的那一套而否决你的请求呢?"申不害赶忙不在正房居住以示请罪。

六、小信成则大信立,故明主积于信①

晋文公攻原,裹十日粮,遂与大夫期十日。至原十日,而原不下,击金而退,罢兵而去。士有从原中出者,曰:"原三日即下矣。"群臣左右谏曰:"夫原之食竭力尽矣,君姑待之。"公曰:"吾与士期十日,不去,是亡吾信也。得原失信,吾不为也。"遂罢兵而去。原人闻曰:"有君如彼其信也,可无归乎?"乃降公。孔子闻而记之曰:"攻原得卫者,信也。"

文公问箕郑曰:"救饿奈何?"对曰:"信。"公曰:"安信?"曰:"信名、信事、信义。信名,则群臣守职,善恶不逾,百事不怠;信事,则不失天时,百姓不逾;信义,则近亲劝勉,而远者归之矣。"

①这句话的意思是:小的信用确立之后,大的信用便树立起来了,所以英明的君主才不断积累信用。

晋文公率兵攻打原邑,带了十天的干粮,于是与士大夫们约定十天后返回。到了原邑之后,在第十天头上,原邑仍攻不下,于是鸣金收兵,撤退离去。有从原邑出来的人说:"原邑再有三天即可攻下。"大臣及身边的人都劝谏道:"那原邑已食物断绝,力量用完了,国君姑且再坚持一下。"晋文公说:"我与大家约定好十天,若仍不离去,是在丧失我的信誉。得到原邑而失掉我的信誉,我不干。"于是收兵撤去。原邑的人听说后道:"有这样守信誉的国君,我们能不归顺吗?"于是投降了晋文公。卫国人听后,也说:"有这样守信誉的国君,我们能不归顺吗?"于是也向晋文公投降。孔子听说后,记录道:"晋文公攻打原邑而意外得到卫国,那是靠信誉啊。"

晋文公问箕郑道:"如何才能救济饥荒?"箕郑回答说:"靠守信用。"晋文公说:"怎么去讲信用?"箕郑说:"在名位、政事、道义三个方面讲信用。在名位方面讲信用,那么群臣就会坚守本职,善恶分明,任何事都不敢懈怠;在政事方面守信用,那么就不会失去天时,百姓也不会犯上作乱;在道义方面讲信用,那么亲近的人会相互劝勉鼓励,远方的人也会前来归附。"

吴起出遇故人而止之食。故人曰:"诺。期返而食。"吴子曰:"待公而食。"故人至暮不来,吴起至暮不食而待之。明日早,令人求故人,故人来,方与之食。

魏文侯与虞人期猎。明日,会天疾风,左右止文侯,不听,曰:"不可。以风疾之故而失信,吾不为也。"遂自驱车往,犯风而罢虞人。

曾子之妻之市,其子随之而泣。其母曰:"女还,顾反为女杀彘。"妻适市来,曾子欲捕彘杀之。妻止之曰:"特与婴儿戏耳。"曾子曰:"婴儿非可与戏也。婴儿非有知也,待父母而学者也,听父母之教。今子欺之,是教子欺也。母欺子，子而不信其母，非以成教也。"遂烹彘也。

　　吴起外出，碰见一个老朋友，于是挽留朋友一同吃饭。这位老朋友说："好吧，等我返回来一起吃。"吴起说："我等着你一起用饭。"结果老朋友到晚上也没回来，吴起到晚上也没吃饭而一直等他。第二天早上，吴起派人找见老朋友，老朋友到来后，才与他一同进食。

　　魏文侯与虞人约定好次日一起去打猎。第二天正好刮大风，侍从都阻止文侯，可文侯不听从。他说："不行。因为刮大风的缘故而失去信用，我不干这样的事。"于是亲自驱车前往，冒着大风通知虞人取消打猎活动。

　　曾子的妻子要到集市，她的儿子哭着要跟她一起去。她哄骗儿子道："你先回家去，等我返回来后给你杀猪吃肉。"妻子刚从集市回来，曾子就准备捉住猪杀掉。妻子制止住他，说："我不过是与孩子开玩笑罢了。"曾子说："小孩子是不能与他开玩笑的。孩子生下来没有辨别是非的能力，他必须从父母那里学习，听从父母的教导。如今你欺骗他，是在教育他也欺骗别人。做母亲的欺骗儿子，儿子就不会相信他的母亲，这不是教育儿子的方式。"于是把猪杀掉，煮肉给儿子吃。

原文

　　楚厉王有警鼓，与百姓为戒。饮酒醉过而击，民大惊。使人止之，曰："吾醉而与左右戏而击之也。"民皆罢。居数月，有警，击鼓而民不赴。乃更令明号，而民信之。

　　李悝警其两和曰："谨警敌人，旦暮且至击汝。"如是者再三，而敌不至。两和懈怠，不信李悝。居数月，秦人来袭之，至几夺其军。此不信患也。一日，李悝与秦人战，谓左和曰："速上！右和已上矣。"又驰而至右和曰："左和已上矣。"左右和于是皆争上。其明年，与秦人战。秦人袭之，至，几夺其军。此不信之患。

　　楚厉王设置了一面鼓，与百姓们约定，遇有紧急情况，击鼓相救。一次，楚厉王喝醉了酒，路过警鼓就敲了几下，老百姓都大惊失色。楚厉王派人制止了百姓们的行动，说："我喝醉了酒，与身旁的人开玩笑敲击了鼓，不是有紧急情况。"百姓这才作罢。过了几个月，真的有了紧急情况，楚厉王击鼓，可是百姓都不来。于是不得不重新申明号令，百姓这才相信他。

　　李悝警告他左右两边部队的将士说："小心警惕，敌人迟早会来袭击你们。"说了好多次，可是敌人并没有来。两边的部队都有点儿懈怠，也不再相信李悝的话。过了几个月,秦国人前来袭击,李悝的部队几乎全军覆没。这是不讲信用所造成的祸患。另一种说法是,李悝率兵与秦国人作战,对左边的部队说:"快冲锋!右边的部队已冲上去了。"又飞驰到右边,对右边的部队说:"左边的部队已冲上去了。"左边和右边的部队于是争先恐后地冲锋。第二年,又与秦国人作战,秦国人袭击他们,几乎全军覆没。这是不讲信用所造成的祸患。

◎ 外储说·左下

题解

这是《外储说》的第二部分，用六个话题举例阐述主题。

一、以罪受诛，人不怨上；以功受赏，臣不德君①

原文

孔子相卫，弟子子皋为狱吏，刖人足②，所跀者守门③。人有恶孔子于卫君者曰："尼欲作乱。"卫君欲执孔子。孔子走，弟子皆逃。子皋从后门，跀危引之而逃之门下室中④，吏追不得。夜半，子皋问跀危曰："吾不能亏主之法令，而亲刖子之足，是子报仇之时也，而子何故乃肯逃我？我何以得此于子？"跀危曰："吾断足也，固吾罪当之，不可奈何。然方公之欲治臣也，公倾侧法令，先后臣以言，欲臣之免也甚，而臣知之。及狱决罪定，公愀然不悦⑤，形于颜色，臣见又知之。非私臣而然也，夫天性仁心固然也。此臣之所以悦而德公也。"孔子曰："善为吏者树德，不能为吏者树怨。概者，平量者也；吏者，平法者也。治国者，不可失平也。"

注释

①这两句话的意思是：由于犯罪而受惩处，受惩处的人不怨恨长官；由于立功而受到奖赏，受奖赏的臣子不会感激君主。
②刖(yuè)：古代的一种酷刑，砍掉脚或腿。
③跀(yuè)：意同"刖"。
④跀危：指古代受过刖刑的人，因其行路颠危，故称。
⑤愀(cù)然：不安的样子。

译文

孔子在卫国担任宰相，他的弟子子皋担任主管刑罚的官员。按照刑律，子皋砍掉了一个犯人的脚，这个被砍掉脚的人当了守门人。有个人在卫国国君面前恶意中伤孔子,说:"孔子要造反。"卫君听信谣言,要捉拿孔子。孔子逃走,他的弟子也四散躲避。子皋从后门逃出,那个被砍掉脚的守门人引着他逃到门下的暗室中,官吏们没有捉拿到子皋。夜半时分,子皋问守门人:"我不能够违反君主的法令,因此砍掉了你的脚,今天正是你报仇雪恨的好时机,可是你却为什么带我逃生呢?我凭什么从你那里得到这么大的恩惠呢?"守门人说:"我的脚被砍断,本来就是我罪有应得,这是无可奈何的事。可是当你准备审理我的案件时,你仔细琢磨有关的法令,先后多次找我谈话核实情况,非常希望能为我免去刑罚,我心中十分清楚。等到我的罪名确定之后,您心中不安,脸上也很不高兴,我看见后也心知肚明。这并不是您私下偏袒我一人才这样,而是您本来的天性和仁爱之心的反映。这就是我高兴地报答您的原因啊。"听到这件事后,孔子说:"善于做官的人在百姓之中树立恩德,不会做官的人在百姓之中树立怨恨。概,是量粮食时刮斗升的用具;官吏,也是像概一样秉持法令的人员。治理国家,是不能失去法令的公正的。"

田子方从齐之魏,望翟黄乘轩骑驾出。方以为文侯也,移车异路而避之,则徒翟黄也。方问曰:"子奚乘是车也?"曰:"君谋欲伐中山,臣荐翟角,而谋得;果且伐之,臣荐乐羊,而中山拔;得中山,忧欲治之,臣荐李克,而中山治。是以君赐此车。"方曰:"宠之称功尚薄。"

秦、韩攻魏,昭卯西说而秦、韩罢;齐、荆攻魏,卯东说而齐、荆罢。魏襄王养之以五乘之奉①。卯曰:"伯夷以将军葬于首阳山之下,而天下曰:'夫以伯夷之贤与其称仁,而以将军葬,是手足不掩也。'今臣罢四国之兵,而王乃与臣五乘,此其称功,犹赢胜而履蹻②。"

少室周者,古之贞廉洁悫者也③,为赵襄主力士。与中牟徐子角力,不若也,入言之襄主以自代也。襄主曰:"子之处④,人之所欲也,何为言徐子以自代?"曰:"臣以力事君者也。今徐子力多臣,臣不以自代,恐人言之而为罪也。"

①奉:同"俸",俸禄。
②蹻(juē):草鞋。
③悫(què):诚实。
④处:职位。

【译文】

田子方从齐国到魏国,远远望见翟黄乘坐着有篷的高车,后面还有轻骑跟随。

田子方还以为是魏文侯的车驾,于是将车靠在路边回避,可是走近后才发现,只有翟黄一人坐在车中。田子方问道:"您如何坐上这么高级的车呢?"田子方说:"君主谋划想攻伐中山国,我推荐了翟角,于是计谋定了下来;计谋付诸实施,真的讨伐时,我推荐了乐羊,于是攻下了中山国,得到了这个国家;君主为如何治理好它而担忧时,我又推荐了李克,于是中山国治理得很好。所以君主赐给我这辆车。"田子方说:"若与你的功劳相比,这个奖赏还不太够。"

秦国和韩国攻打魏国,昭卯西行游说,于是秦、韩二国罢兵而退;齐国和楚国攻打魏国,昭卯又东行游说,于是齐、楚两国也罢兵而去。魏襄王用五乘车马的俸禄来供养昭卯。昭卯说:"伯夷死后,人们用将军的礼仪将他安葬在首阳山下,可是天下仍有人说:'凭伯夷的贤明和仁义,只用将军的礼仪安葬他,简直草率得好像连手脚都未掩埋一般。'如今为臣我阻止了四个国家的军队,可是君王您却只给我五乘车马的俸禄,这待遇与我的功劳比起来,简直犹如一个人做买卖发了大财却穿着草鞋一样不相称。"

少室周,是古代一个坚贞廉洁、高尚诚实的人,他担任赵襄主的卫士。有一次,少室周与中牟县一个叫徐子的人比力气,结果输给了徐子,于是少室周便进宫对赵襄主说了这件事,并且请求用徐子取代自己。赵襄主说:"你的这个职位,是人人所向往的,为什么要让徐子取代你自己呢?"少室周说:"为臣我是凭力气侍奉君主您的,如今徐子比我更有力气,我若不让他取代我,担心别人将此事告诉您,您会责怪我的。"

二、有术之主,信赏以尽能,必罚以禁邪①

齐桓公将立管仲,令群臣曰:"寡人将立管仲为仲父。善者入门而左,不善者入门而右。"东郭牙中门而立。公曰:"寡人立管仲为仲父,令曰:'善者左,不善者右。'今子何为中门而立?"牙曰:"以管仲之智,为能谋天下乎?"公曰:"能。""以断为敢行大事乎?"公曰:"敢。"牙曰:"若知能谋天下,断敢行大事,君因专属之国柄焉。以管仲之能,乘公之势,以治齐国,得无危乎?"公曰:"善。"乃令隰朋治内,管仲治外,以相参。

①这句话的意思是:掌握了统治之术的君主,为了让臣下各尽其能,讲信用,论功行赏;为了禁止人们为非作歹,必定惩罚有罪之人。

齐桓公准备赠与管仲仲父的称号，命令群臣道："我准备赠给管仲仲父的称号，同意的进门后立在左边，不同意的进门后立在右边。"东郭牙进门后，却站在中间。齐桓公说："我要赠给管仲仲父的称号，刚才命令同意的站在左边，不同意的站在右边。现在你为什么要站在中间？"东郭牙说："凭管仲的智慧，您认为他能谋取天下吗？"齐桓公说："能。"东郭牙又说："凭管仲的果断，您认为他敢做大事吗？"齐桓公说："敢。"东郭牙最后说："如果他凭智慧能够谋取天下，凭果断敢做大事，国君您又将一国之权柄交给他一人来用，以管仲的才能，再加上您授予他的权势，以此来治理齐国，难道没有危险吗？"齐桓公说："说得好。"于是让隰朋负责内政，让管仲负责外交，形成分权并立的局面。

原文

晋文公出亡，箕郑挈壶餐而从，迷而失道，与公相失，饥而道泣，寝饿而不敢食。及文公反国，举兵攻原，克而拔之。文公曰："夫轻忍饥馁之患，而必全壶餐，是将不以原叛。"乃举以为原令。大夫浑轩闻而非之曰："以不动壶餐之故，怙其不以原叛也，不亦无术乎？"故明主者，不恃其不我叛也，恃吾不可叛也；不恃其不我欺也，恃吾不可欺也。

阳虎议曰："主贤明，则悉心以事之；不肖，则饰奸而试之。"逐于鲁，疑于齐，走而之赵，赵简主迎而相之。左右曰："虎善窃人国政，何故相也？"简主曰："阳虎务取之，我务守之。"遂执术而御之。阳虎不敢为非，以善事简主，兴主之强，几至于霸也。

晋文公外出流亡期间，箕郑提着茶饭跟随，因为迷失了道路，与文公失散。箕郑饿坏了，在路旁哭泣，直到饿得躺倒了仍不敢动用饭食。等晋文公返回晋国后，发兵攻打原邑，攻克了原邑并且占有了它。晋文公说："箕郑能够不在乎饥饿带来的痛苦，而一定要保全君主的饭食，这样的人将不会凭借原邑而叛乱。"于是就提拔箕郑为原邑的县令。大夫浑轩听到此事后，非议道："因为箕郑没有动用君主饭食的缘故，就坚信他不会凭借原邑叛乱，不也是不懂治国之术的反映吗？"所以说，贤明的君主，不依靠别人不反叛自己，而是依靠自己不可反叛；不依靠别人不欺骗自己，而是依靠自己不可被欺。

阳虎议论道："君主贤明，就全心全意侍奉他；君主不肖，就掩饰住奸邪之心去试探他。"于是阳虎被鲁国驱逐，被齐国怀疑。他逃跑到赵国，赵简子迎接他并让他当了宰相。赵简子身边的人说："阳虎善于窃取国家的政权，为什么要任用他为宰相呢?"赵简子说:"阳虎力求窃取政权,我则力求把守政权。"于是赵简子运用法术控制阳虎,阳虎不敢为非作歹,只有好好地侍奉赵简子,使赵简子的统治逐渐振兴强大,几乎可以称霸天下。

鲁哀公问于孔子曰:"吾闻古者有夔一足①,其果信有一足乎?"孔子对曰:"不也,夔非一足也。夔者忿戾恶心,人多不说喜也②。虽然,其所以得免于人害者,以其信也。人皆曰:'独此一,足矣。'夔非一足也,一而足也。"哀公曰:"审而是,固足矣。"一曰,哀公问于孔子曰:"吾闻夔一足,信乎?"曰:"夔,人也,何故一足?彼其无他异,而独通于声。尧曰:'夔一而足矣。'使为乐正。故君子曰:'夔有一,足。'非一足也。

①夔(kuí):一为怪兽名(《山海经·大荒东经》有记载),一为人名(尧、舜时的乐官叫夔)。这里是指人名。
②说:通"悦",高兴。

鲁哀公问孔子道:"我听说古时候有个叫夔的人,只有一只脚,难道真有一只脚的人吗?"孔子回答道:"不是这么回事。夔不是只有一只脚。夔这个人凶狠残暴,人们都不喜欢他。即使这样,他也没有被人伤害,那是因为他讲信用。人们都说:'仅凭这一点,就足够了。'所以说,夔不是只有一只脚,而是只有一个优点就足够了。"鲁哀公说:"若确实如此,当然足够了。"另一种说法是:鲁哀公问孔子道:"我听说夔只有一只脚,可信吗?"孔子说:"夔是一个人,怎么可能一只脚?他与普通人没什么不同,只是通晓音乐。尧说:'夔有这一特长就足够了。'于是任命他为乐正。所以君子说:'夔具有一个特长,足够了。'而不是只有一只脚。"

三、失臣主之理,则文王自履而矜;不易朝燕之处,则季孙终身庄而遇贼①

文王伐崇,至凤黄虚②,袜系解,因自结。太公望曰:"何为也?"王曰:"君与处,上,皆其师;中,皆其友;下,尽其使也。今皆先君之臣,故无可使也。"一曰:晋文公与楚战,至黄凤之陵,履系解,因自结之。左右曰:"不可以使人乎?"公曰:"吾闻:上,君所与居,皆其所畏也;中,君之所与居,皆其所爱也;下,君之所与居,皆其所侮也。寡人虽不肖,先君之人皆在,是以难之也。"

季孙好士,终身庄,居处衣服,常如朝廷。而季孙适懈,有过失,而不能长为也。故客以为厌易己,相与怨之,遂杀季孙。故君子去泰去甚。一曰:南宫敬子问颜涿聚曰:"季孙养孔子之徒,所朝服与坐者以十数,而遇贼,何也?"曰:"昔周成王近优侏儒以逞其意,而与君子断事,是能成其欲于天下。今季孙养孔子之徒,所朝服而与坐者以十数,而与优侏儒断事,是以遇贼。故曰:不在所与居,在所与谋也。"

①这几句话的意思是:抛开君臣之间的等级,那么周文王自己穿鞋却自夸敬先君之臣;无论在朝廷之上还是在家闲居都不改变举止,季孙即便如此一生庄重,仍遭遇了杀身之祸。

②虚:同"墟",大土山。

周文王攻打崇国,到了凤黄山,袜带子松开了,于是自己系上。太公望说:"为什么不让别人给系呢?"文王说:"与国君相处的人,上等的,都是国君的老师;中等的,都是国君的朋友;下等的,都是国君的仆人。现在我身边的都是先君的旧臣,所以没有可以役使的人。"另一种说法是:晋文公与楚国人作战,来到黄凤山,鞋带开了,于是自己系上。身边的侍从说:"不可以让别人系上吗?"晋文公说:"我曾听说,上等的人,国君与他们交往时,都是国君所敬畏的人;中等的人,国君与他们交往时,都是国君所喜欢的人;下等的人,国君与他们交往时,都是国君所轻视的人。我虽不贤明,但先君的旧臣都在,所以难以使唤他们啊。"

季孙喜欢读书人,一生都庄严持重,日常生活中的衣着,一如在朝堂上一样。可是有一次季孙偶然疏忽,衣着上出了差错,没有能够像往常那样。因此,门客们还以为他是在讨厌、轻视自己,一起怨恨季孙,最终杀了季孙。因此说,君子要去掉极端的、过分的行为。另一种说法是:南宫敬子问颜涿聚道:"季孙养着孔子的门徒,穿着上朝时才穿的礼服与他坐在一起的人,有几十位,可是最终却遭到了贼人的杀害,这是为什么?"颜涿聚说:"从前,周成王亲近优伶和侏儒以使自己心情畅快,可是决断大事时,却与正人君子商议,所以他才能在天下实现他的愿望。如今季孙虽然养着孔子的门徒,穿着上朝时才穿的礼服与他坐在一起的人,有几十位,可是他决断大事时,是与优伶和侏儒商议,所以他最终被贼人杀害。所以说,不在于和什么人相处,而在于和什么人谋划。"

孔子侍坐于鲁哀公，哀公赐之桃与黍。哀公曰："请用。"仲尼先饭黍而后啖桃①，左右皆掩口而笑。哀公曰："黍者，非饭之也，以雪桃也②。"仲尼对曰："丘知之矣。夫黍者，五谷之长也③，祭先王为上盛。果蓏有六④，而桃为下，祭先王不得入庙。丘之闻也，君子以贱雪贵，不闻以贵雪贱。今以五谷之长雪果蓏之下，是从上雪下也。丘以为妨义，故不敢以桃先于宗庙之盛也。"

费仲说纣曰："西伯昌贤，百姓悦之，诸侯附焉，不可不诛。不诛，必为殷祸。"纣曰："子言，义主，何可诛？"费仲曰："冠虽穿弊，必戴于头；履虽五采，必践之于地。今西伯昌，人臣也，修义而人向之。卒为天下患，其必昌乎！人臣不以其贤为其主，非可不诛也。且主而诛臣，焉有过？"纣曰："夫仁义者，上所以劝下也。今昌好仁义，诛之不可。"三说不用，故亡。

①啖(dàn)：吃。
②雪：擦拭。
③五谷：黍(黄米)、稷(小米)、稻、麦、菽(豆子)。
④果蓏(luǒ)：果品的总称。

孔子陪坐在鲁哀公的身边，鲁哀公赏赐给他桃和黍。哀公说："请食用。"孔子先将黍吃掉，然后才吃桃子，哀公身边的侍从都捂着嘴发笑。鲁哀公说："那黍子，不是用来吃的，而是用来擦拭桃子的。"孔子回答道："我知道。黍，位居五谷的首位，祭祀先王之时，它是上等的祭品。果品有六大类，桃子是最下等的，祭祀先王时，不准拿进庙门。孔丘我听说，正人君子用下等的东西擦拭高贵的东西，而没有听说过用高贵的东西擦拭下等的东西。如今用排在五谷首位的黍子擦拭果品中最下等的桃子，也是用上等的东西擦拭下等的东西。我认为这样做妨害礼义，所以不敢将桃子放在宗庙的祭品黍子前面来吃。"

商纣王的宠臣费仲劝说纣王道："西伯侯姬昌贤明，老百姓都爱戴他，诸侯国都归附他，必须将他杀掉。不杀他，必定会成为殷商的祸害。"商纣王说："你所说的，是一个仁义之主，怎么能够杀掉呢？"费仲说："帽子虽然有了破洞，一定还是要戴在头上的；鞋子即使是色彩艳丽，也一定是踩在脚下的。现在的西伯侯姬昌，只是君主您的一个臣子，施行仁义而人们拥戴他。最终成为天下祸患的，一定是姬昌啊！作为人臣，不将他的贤明为君主所用，非诛杀不可。况且当君主的诛杀当臣子的，有什么过错？"商纣王说："实施仁义，是君主劝勉臣下的，如今姬昌喜好仁义，杀掉他不合适。"费仲多次劝说，商纣王都不听，结果商王朝灭亡了。

齐宣王问匡倩曰："儒者博乎？"曰："不也。"王曰："何也？"匡倩对曰："博者贵枭，胜者必杀枭。杀枭者，是杀所贵也。儒者以为害义，故不博也。"又问曰："儒者弋乎？"曰："不也。弋者，从下害于上者也，是从下伤君也。儒者以为害义，故不弋。"又问："儒者鼓瑟乎？"曰："不也。夫瑟，以小弦为大声，以大弦为小声，是大小易序，贵贱易位。儒者以为害义，故不鼓也。"宣王曰："善。"仲尼曰："与其使民谄下也，宁使民谄上。"

齐宣王问匡倩："儒家学派的人下棋吗？"匡倩说："不下棋。"宣王说："为什么？"匡倩回答道："下棋时以枭棋为尊贵，胜利的人必须将枭棋杀掉。杀掉枭棋，就是在杀尊贵的。儒家学派的人认为妨害礼义，所以不下棋。"齐宣王又问道："儒家学派的人射鸟吗？"匡倩说："不射鸟。射鸟是站在下面伤害上面的行为，就好比是臣子在伤害君主。儒家学派的人认为这妨害礼义，所以不射鸟。"齐宣王又问："儒家学派的人弹奏瑟吗？"匡倩说："不弹。弹奏瑟的时候，小弦发出大的声音，大弦反而发出小的声音，这是大小变换了顺序，高贵的和低贱的颠倒了位置。儒家学派的人认为这妨害礼义，所以不弹奏瑟。"宣王说："说得好啊！"孔子说："与其让百姓去讨好臣子，还不如让百姓去讨好君主。"

四、利所禁，禁所利，虽神不行； 誉所罪，毁所赏，虽尧不治①

钜者，齐之居士；屛者，魏之居士；齐、魏之君不明，不能亲照境内而听左右之言，故二子费金璧而求入仕也。

西门豹为邺令，清克洁悫，秋毫之端无私利也②，而甚简左右。左右因相与比周而恶之。居期年③，上计④，君收其玺。豹自请曰："臣昔者不知所以治邺，今臣得矣，愿请玺，复以治邺。不当，请伏斧锧之罪⑤。"文侯不忍而复与之。豹因重敛百姓,急事左右。期年,上计,文侯迎而拜之。豹对曰:"往年臣为君治邺,而君夺臣玺;今臣为左右治邺,而君拜臣。臣不能治矣。"遂纳玺而去。文侯不受,曰:"寡人曩不知子,今知矣。愿子勉为寡人治之。"遂不受。

①这几句话的意思是:该禁止的却得利,该得利的却禁止,即使神通广大,禁令也难以施行;该惩处的却赞誉,该奖赏的却诋毁,即使是贤明如尧,也难以治理。
②秋毫之端:即秋毫之末,秋天野兽身上长出的细毛毛尖,形容极其细小。
③期(jī)年:一周年。
④上计:下级向上级汇报、总结。
⑤斧锧(zhì):古代酷刑腰斩时所用的刑具。

钜这个人,是齐国的一个尚未做官的读书人;廖这个人,是魏国的一个尚未做官的读书人。因为齐、魏二国的君主不贤明,不能够亲自洞察了解国境内的形势,只是一味听信身边侍从的话,所以这两个人不惜花费黄金玉璧去贿赂君主身边的人,以求入朝当官。

西门豹任邺县的县令,清正廉明,尽职诚实,没有牟取丝毫的私利,可是却十分怠慢君主身边的人。君主身边的人于是互相勾结起来中伤他。过了整一年,西门豹向君主汇报工作,魏文侯收回官印,将他免职。西门豹主动向魏文侯请求道:"为臣我从前不知道怎样去治理邺县,如今我已知道了,我希望再将官印给我,让我重新去治理邺县。若有失职,愿受腰斩之罪。"魏文侯不忍心拒绝他的请求,于是又将官印授给他。西门豹于是对老百姓横征暴敛,并加紧侍奉君主身边的人。一年之后,向君主汇报工作,魏文侯亲自迎接他并向他致礼。西门豹回答道:"前年我替国君您治理邺县,可是您却夺走了我的官印;今年我替您身边的人治理邺县,可是您却向我致礼。为臣我不能治理邺县了。"于是交还官印准备离去。魏文侯不接受他的辞职,说:"我先前不太了解你,现在才真正了解了。希望你能竭尽全力为我治理邺县。"魏文侯最终没有收下西门豹所上交的官印。

齐有狗盗之子①,与刖危子戏而相夸。盗子曰:"吾父之裘独有尾。"刖危子曰:"吾父独冬不失裤。"

桓公谓管仲曰:"官少而索者众,寡人忧之。"管仲曰:"君无听左右之请,因能而受禄②,录功而与官,则莫敢索官。君何患焉?"

韩宣子曰:"吾马,菽粟多矣,甚臞③,何也?寡人患之"。周市对曰:"使驺尽粟以食④,虽无肥,不可得也。名为多与之,其实少,虽无臞,亦不可得也。主不审其情实,坐而患之,马犹不肥也。"

①狗盗:伪装成狗去偷东西,所以皮衣上有尾巴。
②受:通"授",授给。
③臞(qú):瘦弱。
④驺(zōu):车夫。

在齐国,有一个专门装成狗偷盗东西的人的儿子与一个因犯罪而被砍掉脚的人的儿子开玩笑,他们相互炫耀各自的父亲。盗贼的儿子说:"只有我父亲的皮衣上才有尾巴。"被砍掉脚的人的儿子说:"只有我的父亲在冬天不脱掉裤子。"

齐桓公对管仲说:"官位少可是求官的人多,我对此十分担忧。"管仲说:"您不要听从身边人的请求,根据个人的才能给予他俸禄,依照功劳给予他官位,如此一来,就没有人敢来索要官位了。您还担忧什么呢?"

韩宣子说:"我的马,豆类、谷物等已经喂得很多了,可是仍十分瘦弱,这是为什么?我很担忧。"周市回答说:"让车夫将供给马的全部饲料都喂了马,即使不想让马肥壮,也是不可能的。如今名义上是多给了马饲料,而实际上却喂得很少,即使不让马瘦弱,也是不可能的。君主您不详细考察实际情况,只是坐在那里担忧,马还是不会肥壮的。"

桓公问置吏于管仲,管仲曰:"辩察于辞①,清洁于货,习人情,夷吾不如弦商,请立以为大理②。登降肃让③,以明礼待宾,臣不如隰朋,请立以为大行④。垦草仞邑⑤,辟地生粟,臣不如宁戚,请以为大田⑥。三军既成阵,使士视死如归,臣不如王子成父,请以为大司马。犯颜极谏,臣不如东郭牙,请立以为谏臣。治齐,此五子足矣;将欲霸王,夷吾在此。"

①辩:通"辨"。 辞:狱辞。
②大理:司法大臣。
③肃:通"揖"。

④大行：外交大臣。
⑤刱：创立。
⑥大田：农业大臣。

齐桓公向管仲请教设置官吏的事，管仲说："对原告、被告双方的言辞辨别分析，对于财物等清廉不贪，又熟悉人情世故，我管夷吾比不上弦商，请任命他为司法大臣。在迎来送往时上下左右周旋，作揖谦让，用明确而恰当的礼仪接待宾客，为臣我比不上隰朋，请任命他为外交大臣。开垦荒地，创立城市，开辟土地，生产粮食，为臣我比不上宁戚，请任命他为农业大臣。三军摆开阵势后，让将士们视死如归，为臣我比不上王子成父，请任命他为军事大臣。能够冒犯君主的威严而全力劝谏君主，为臣我比不上东郭牙，请任命他为谏议大臣。治理好齐国，有这五个人就足够了；而如果还想称霸为王，那么有我管夷吾在此。"

五、臣以卑俭为行，则爵不足以观赏；宠光无节，则臣下侵逼①

孟献伯相鲁②，堂下生藿藜，门外长荆棘，食不二味，坐不重席，无衣帛之妾，居不粟马，出不从车。叔向闻之，以告苗贲皇。贲皇非之曰："是出主之爵禄以附下也。"一日，孟献伯拜上卿，叔向往贺，门有御马不食禾。向曰："子无二马二舆，何也？"献伯曰："吾观国人尚有饥色，是以不秣马；班白者多以徒行③，故不二舆。"向曰："吾始贺子之拜卿，今贺子之俭也。"向出，语苗贲皇曰："助吾贺献伯之俭也。"苗子曰："何贺焉？夫爵禄旗章④，所以异功伐、别贤不肖也。故晋国之法，上大夫二舆二乘，中大夫二舆一乘，下大夫专乘，此明等级也。且夫卿必有军事，是故循车马，比卒乘，以备戎事。有难则以备不虞，平夷则以给朝事。今乱晋国之政，乏不虞之备，以成节，以洁私名⑤，献伯之俭也可与？又何贺？"

①这几句话的意思是：臣子若将谦卑、节俭作为行为准则，那么爵位不足以显示奖赏的作用；臣子若骄横荣宠没有节制，就会侵害、威胁君主。
②孟：当作盂，盂即盂县，是晋国大臣献伯的食邑。　鲁：当作晋。献伯是晋国大臣。

③班白：头发苍白。班，通"斑"。
④旗章：旌旗、服饰。
⑤洁：清白。

孟献伯当晋国的宰相时，厅堂前生满了野草，大门外长满了荆棘，吃饭不吃两种食物，坐时不垫两块坐垫，家中没有穿丝绸衣服的姬妾，家居期间不用谷类喂马，外出时不让副车跟从。叔向听说之后，将这些情况告诉了苗贲皇。苗贲皇非议道："这是抛弃君主的爵位和俸禄来与下等人亲近。"另一种说法是：孟献伯被任命为上卿，叔向前去祝贺，看见门口的马不喂谷类饲料。叔向说："你没有副车和副马，为什么？"孟献伯说："我看到国境之内许多人面有饥色，所以不用谷类喂马；头发花白的老者都在徒步行走，所以不配副车。"叔向说："我刚开始是想祝贺你当了上卿，如今该祝贺你的节俭了。"叔向出来后，对苗贲皇说："去帮我祝贺孟献伯的节俭。"苗贲皇说："有什么可祝贺的？爵位俸禄，旌旗服饰，是用来区分功劳大小、德才高下的手段。所以晋国的法令规定：上大夫配备副车两辆，中大夫配备副车一辆，下大夫只有正车一辆，这是在表明等级身份。况且凡是当了卿相的，必定要掌管军队事务，所以要整顿好车马、组织好步兵战车，以应对战争。有灾难之时则防备不测，和平年代就代步上朝。如今孟献伯的做法是在扰乱晋国的政策，缺少对不测情况的防备，以此来成全他本人的名节和清白的形象。孟献伯所谓的节俭可推行吗？又有什么值得祝贺的呢？"

【原文】

管仲相齐，曰："臣贵矣，然而臣贫。"桓公曰："使子有三归之家①。"曰："臣富矣，然而臣卑。"桓公使立于高、国之上②。曰："臣尊矣，然而臣疏。"乃立为"仲父"。孔子闻而非之曰："泰侈逼上。"一曰，管仲父出，朱盖青衣，置鼓而归，庭有陈鼎，家有三归。孔子曰："良大夫也，其侈逼上。"

孙叔敖相楚，栈车牝马，粝饭菜羹，枯鱼之膳，冬羔裘，夏葛衣，面有饥色。"则良大夫也，其俭逼下。"

阳虎去齐走赵，简主问曰："吾闻子善树人。"虎曰："臣居鲁，树三人，皆为令尹；及虎抵罪于鲁，皆搜索于虎也。臣居齐，荐三人，一人得近王，一人为县令，一人为候吏；及臣得罪，近王者不见臣？熏县令者迎臣执缚，候吏者追臣至境上，不及而止。虎不善树人。"主俯而笑曰："夫树柤梨橘柚者，食之则甘；树枳棘者，成而刺人。故君子慎所树。"

①三归:全国总收入的十分之三。
②高、国:齐国的贵族,为姜太公的后裔。

管仲当了齐国的宰相后,对齐桓公说:"为臣我已经很显贵了,可是却贫困。"齐桓公说:"我让你的俸禄达到全国总收入的十分之三。"管仲说:"为臣我已经很富有了,可是却地位低下。"齐桓公于是让管仲位居高、国两大贵族之上。管仲说:"为臣我已经很尊贵了,可是却与君主关系疏远。"齐桓公于是便授给他"仲父"的称号。孔子听说后,非议道:"管仲太奢侈了,会威胁君主的地位。"另一种说法是:管仲外出,乘坐着红色顶盖、青色车帷的车子,回家时鼓乐开道,庭院之中陈列着大鼎,家中有全国总收入十分之三的收入。孔子说:"管仲虽说是个好大臣,可是他的奢侈会对君主构成威胁。"

孙叔敖做楚国的宰相,坐的是简易的篷车,拉车的马是下等的母马,吃粗米饭,喝菜汤,用干鱼改善生活,冬天穿羊皮做的大衣,夏天穿粗布衣服,常常面带饥色。孔子说:"孙叔敖是个好大夫,但他的过分节俭,会威胁到他的下级。"

阳虎离开齐国跑到赵国,赵简子问道:"我听说你善于培养人才。"阳虎说:"我在鲁国居住期间,培养了三个人,都当上了县令。等到我在鲁国犯了罪,他们都出面搜索抓捕我。我在齐国居住期间,曾推荐了三个人,一个成了君王身边的大臣,一个当了县令,一个当了边关守卫。等到我在齐国犯了罪,君王身边的那个大臣不见我,那个当了县令的人迎面用绳子捆缚我,那个当了边关守卫的人追我追到国境边上,直到追不上才停止。阳虎我不善于培养人才啊。"赵简子低头笑道:"种植山楂树、梨树和橘树、柚树,它们所结的果实吃起来甘美;种植枳树和酸枣树,它们长成后反而会刺人。所以君子要对所培养的人选谨慎小心。"

原文

中牟无令。晋平公问赵武曰:"中牟,三国之股肱,邯郸之肩髀<u>①</u>,寡人欲得其良令也,谁使而可?"武曰:"邢伯子可。"公曰:"非子之仇也?"曰:"私仇不入公门。"公又问曰:"中府之令,谁使而可?"曰:"臣子可。"故曰:"<u>外举不避仇,内举不避子</u>。"赵武所荐四十六人于其君,及武死,各就宾位,其无私德若此也。

平公问叔向曰:"群臣孰贤?"曰:"赵武。"公曰:"子党于师人<u>②</u>。"向曰:"武立如不胜衣,言如不出口,然其所举士也数十人,皆令得其意,而公家甚赖之。况武子之生也不利于家,死不托于孤,臣敢以为贤也。"

解狐荐其仇于简主以为相。其仇以为且幸释已也，乃因往拜谢。狐乃引弓迎而射之，曰："夫荐汝，公也，以汝能当之也。夫仇汝，吾私怨也。不以私怨汝之故，拥汝于吾君③。"故私怨不入公门。

郑县人卖豚，人问其价。曰："道远日暮，安暇语汝。"

①肩髀(bì)：肩胛骨和大腿骨。
②党：偏袒。
③拥：通"壅"，此处是埋没的意思。

中牟没有县令。晋平公问赵武："中牟县，好比是赵、齐、燕三国的大腿和胳膊，又好比是邯郸的肩胛骨和胯骨，地位非常重要，我想找一个好的县令，派谁合适呢？"赵武说："邢伯子可以。"晋平公说："邢伯子不是你的仇人吗？"赵武说："私人的仇恨不应带到朝廷上。"晋平公又问道："管理宫中的官员，派谁合适呢？"赵武说："我的儿子可以。"所以有人就说："举荐外人时不回避自己的仇人，举荐内部人时不回避自己的儿子。"赵武向君主推荐了四十六个人，等到赵武死后，都坐在宾客的位置上吊唁，他们之间好像根本没有私人间的恩德一样。

晋平公问叔向："群臣之中谁最贤明？"叔向说："是赵武。"晋平公说："你是在偏袒你的上级。"叔向说："赵武站着的时候，体力不支到好像连衣服也架不起来；说话的时候，好像不会措辞一样，可是他所举荐的几十个读书人，都达到了他所推荐的目的，国家也十分依赖这些人。况且赵武活着的时候，不谋私利，去世之后，也没有将儿子托付给君主。所以为臣我敢肯定赵武最贤明。"

解狐将自己的仇人推荐给赵简子当宰相。他的仇人认为解狐终于消除了对自己的怨恨，于是前去拜谢。谁知解狐却拉开弓箭迎面射向他，并且说："我推荐你，是出于公心，因为你能胜任这个职务。我仇视你，是我私人的怨恨。我不因为私下怨恨你的缘故，使你在君主跟前被埋没。"所以说，私人之间的怨恨不应带入朝廷的大门。

有个郑县人卖小猪，有人问他价钱。这个卖猪的人说："我回家的路途遥远，加之天又快黑了，哪有时间告诉你。"

六、公室卑,则忌直言;私行胜,则少公功①

【原文】

范文子喜直言,武子击之以杖:"夫直议者不为人所容,无所容则危身。非徒危身,又将危父。"

子产者,子国之子也。子产忠于郑君,子国谯怒之曰:"夫介异于人臣,而独忠于主。主贤明,能听汝;不明,将不汝听。听与不听,未可必知,而汝已离于群臣。离于群臣,则必危汝身矣。非徒危己也,又且危父矣。"

梁车新为邺令,其姊往看之。暮而后至,闭门,因逾郭而入。车遂刖其足。赵成侯以为不慈,夺之玺而免之令。

管仲束缚,自鲁之齐,道而饥渴,过绮乌封人而乞食。乌封人跪而食之,甚敬。封人因窃谓仲曰:"适幸及齐,不死而用齐,将何报我?"曰:"如子之言,我且贤之用,能之使,劳之论。我何以报子?"封人怨之。

①这几句话的意思是:皇室的实力削弱,就以说直话为忌讳;谋取私利的活动兴盛,就很少有人为皇室建立功业。

范文子喜欢说直话,他的父亲范武子用拐杖打他:"那些说直话的人不为人们所容忍,没有人能容忍便会危及自身。非但危及你本身,还将连累你的父亲。"

子产是子国的儿子。子产忠于郑国的君主,子国怒斥道:"你耿介独特,异于群臣,独自一人忠于君主。如果君主贤明,还能听从你的建议;若君主不贤明,将不会听从你的建议。听从或者不听从,不能肯定,可是你已经脱离了群臣,必定会危及你自身。非但危及你自身,还会危及你的父亲。"

梁车新担任邺县的县令,他的姐姐前去看望他。天黑之后才来到城门口,城门已关闭了,于是翻越外城的城墙进了城。梁车依据法令砍掉了她的脚。赵成侯认为梁车的做法不仁慈,于是没收了他的官印,免去了他的县令之职。

管仲被捆绑着从鲁国押解到齐国。半道上又饥又渴,路过绮时,他问乌封人讨要食物。乌封人跪着喂管仲吃的,十分敬重,又趁机悄悄地问管仲:"假若你幸运地活着到了齐国,被齐国任用,你将用什么报答我?"管仲说:"假若真的如你所说的那样,我将任用贤明的人,使用有才能的人,选拔有功劳的人。我根据哪一条来报答你呢?"乌封人因而怨恨管仲。

◎ 外储说·右上

【题解】

这是《外储说》的第三部分，用三个话题，说明主题。

一、势不足以化，则除之①

【原文】

赏之誉之不劝，罚之毁之不畏，四者加焉不变，则除之。

齐景公之晋，从平公饮，师旷侍坐。始坐，景公问政于师旷，曰："太师将奚以教寡人？"师旷曰："君必惠民而已。"中坐，酒酣。将出，又复问政于师旷，曰："太师奚以教寡人？"曰："君必惠民而已矣。"景公出，之舍，师旷送之，又问政于师旷。师旷曰："君必惠民而已矣。"景公归，思，未醒，而得师旷之所谓。

公子尾、公子夏者，景公之二弟也，甚得齐民，家富贵而民说之②，拟于公室，此危吾位者也。今谓我惠民者，使我与二弟争民耶？于是反国③，发廪粟以赋众贫④，散府财以赐孤寡，仓无陈粟，府无馀财，宫妇不御者出嫁之，七十受禄米。鬻德惠施于民也，已与二弟争民。居二年，二弟出走，公子夏逃楚，公子尾走晋。

【注释】

①这句话的意思是：对于用权势不能开导的人，就将他除掉。
②说：同"悦"，喜欢，爱护。
③反国：即返国，返回齐国。
④赋：赈济。

【译文】

赏赐和赞誉都不能使其受到鼓励，惩罚和诋毁都不能使其感到害怕，将赏赐、赞誉、惩罚和诋毁四种手段都用上而仍不加改变的人，应该除掉他。

齐景公来到晋国，陪同晋平公喝酒，师旷在一旁陪坐。刚一坐下，齐景公就向师旷询问治国之道，说："太师将用什么教导我呢？"师旷说："你只要对民众给予实惠就可以了。"宴会进行到一半之时，酒喝得很畅快。快出门之时，齐景公又向师旷询问治国之道，说："太师将用什么教导我呢？"师旷又回答："你只要对民众给予实惠就可以了。"齐景公走出来，要回下榻的宾馆，师旷送他，于是又趁机向师旷询问治国之道。师旷仍是那句话："你只要对民众给予实惠就可以了。"齐景公回到宾馆，反复思考，酒还没有醒，就明白了师旷话中的含义。

公子尾和公子夏，是齐景公的两个弟弟，他们在齐国很得民心，家中富有财产，人民又爱戴他们，可与皇室相抗衡，他们是威胁到君位的人。如今师旷让"我"对民众给予实惠，难道是让我与两个弟弟争夺民心？于是返回齐国，打开国家的粮仓赈济贫困的人，散发府库中的财物，赏赐给孤寡老人，粮仓中不存陈旧的谷米，府库中不留多余的财物，君主用不着陪睡的宫女就嫁出去，七十岁以上的老人发给固定的粮食。齐景公兜售恩德，向民众给予实惠，用这种手段与两个弟弟争夺民心。过了两年，两个弟弟外出逃走，公子夏逃到楚国，公子尾则逃到了晋国。

景公与晏子游于少海①，登柏寝之台而还望其国，曰："美哉！泱泱乎！堂堂乎！后世将孰有此？"晏子对曰："其田成氏乎！"景公曰："寡人有此国也，而曰田成氏有之，何也？"晏子对曰："夫田成氏甚得齐民。其于民也，上之请爵禄行诸大臣，下之私大斗、斛、区、釜以出货②，小斗、斛、区、釜以收之。杀一牛，取一豆肉③，余以食士。终岁，布帛取二制焉④，余以衣士。故市木之价，不加贵于山，泽之鱼、盐、龟、鳖、蠃、蚌⑤，不加贵于海。君重敛，而田成氏厚施。齐尝大饥，道旁饿死者不可胜数也，父子相牵而趋田成氏者，不闻不生。故周齐之民相与歌之曰：'讴乎，其已乎！苞乎⑥，其往归田成子乎！'《诗》曰：'虽无德与女，式歌且舞。'今田成氏之德，而民歌舞之，民德归之矣。故曰：'其田成氏乎！'"公泫然出涕，曰："不亦悲乎？寡人有国，而田成氏有之。今为之奈何？"晏子对曰："君何患焉？若君欲夺之，则近贤而远不肖，治其烦乱，缓其刑罚，振贫穷而恤孤寡，行恩惠而给不足，民将归君，则虽有十田成氏，其如君何？"

①少海：即渤海。
②斗、斛(hú)、区(ōu)、釜(fǔ)：四种大小不同的量具。　货：当作"贷"。
③豆：容器名。
④制：古代长度单位，一制等于一丈八尺。

⑤蠃(luó)：通"螺"。
⑥苞：通"饱"。

译文

齐景公与晏子在渤海游览，他们登上柏寝的高台，回头眺望自己的国家，齐景公说："真美啊！多么浩瀚无际啊！多么宏伟壮丽啊！后世谁将拥有它呢？"晏子回答道："大概是田成子吧！"齐景公说："明明我拥有这个国家，可是你却说田成子拥有，为什么呢？"晏子答道："那田成子很得齐国的民心。对于民众，他在朝廷上向君主求取爵位和俸禄赏赐给大臣，在民间则私自加大斗、斛、区、釜等量具贷出粮食，而后用小一号的斗、斛、区、釜等量具收回借出去的粮食。宰杀一头牛，只取一豆牛肉自己吃，其余的都给士人。一年到头，布帛衣料等只用三丈六尺，其余的都让士人穿。因此市场上木材的价格，不比山上的更贵；湖泊中的鱼、盐、龟、鳖、螺、蚌的价格，也不比海滨的更贵。国君您大量地收敛财物，可田成子却大量地施舍给百姓。齐国曾经遭过荒年，道路旁边饿死的人不可胜数，父子俩牵着手去投靠田成子，没听说活不下来。我们全齐国的人民都在相互歌颂他：'唱吧，就定居在这里吧！吃饱饭啊，前去投靠田成子吧！'《诗经》上说：'虽然没有恩德送给你们，你们却又是唱歌又是跳舞。'如今田成子的恩德，百姓用又歌又舞的方式表达，百姓的感激之情都归于田成子了。所以我才说'大概是田成子吧'！"齐景公听后，涌出了眼泪，说："这不也是可悲的事吗？我拥有国家，可实际上已成了田成子的。现在该怎么办呢？"晏子回答道："国君您有什么担忧的呢？假若您想夺回民心，那么只需要亲近贤明之人，远离不肖之人，整治混乱的局面，放宽国家的刑罚，赈济贫穷的人，抚恤孤寡的人，施行恩惠而资助缺衣缺粮的人，民众便会都向您归顺，这样，即使有十个田成子，又能将您怎么样呢？"

原文

季孙相鲁，子路为郈令①。鲁以五月起众为长沟，当此之时，子路以其私秩粟为浆饭，要作沟者于五父之衢而餐之②。孔子闻之，使子贡往覆其饭，击毁其器，曰："鲁君有民，子奚为乃餐之？"子路怫然怒③，攘肱而入④，请曰："夫子疾由之为仁义乎？所学于夫子者，仁义也。仁义者，与天下共其所有而同其利者也。今以由之秩粟而餐民，其不可，何也？"孔子曰："由之野也！吾以女知之，女徒未及也。女故如是之不知礼也！女之餐之，为爱之也。夫礼，天子爱天下，诸侯爱境内，大夫爱官职，士爱其家，过其所爱曰侵。今鲁君有民，而子擅爱之，是子侵也，不亦诬乎？"言未卒，而季孙使者至，让曰："肥也起民而使之，先生使弟子止徒役而餐之，将夺肥之民耶？"孔子驾而去鲁。以孔子之贤，而季孙非鲁君也，以人臣之资，假人主之术，蚤禁于未形⑤，而子路不得行其私惠，而害不得生，况人主乎？以景公之势，而禁田常之侵也，则必无劫弑之患矣。

①郈(hòu)：地名，叔孙氏邑，在今山东东平县。
②五父之衢(qú)：五父即鲁国都城，即今山东曲阜。衢，大道。
③怫(fú)然：愤怒的样子。
④肱(gōng)：胳膊。
⑤蚤：通"早"。

季孙担任鲁国的宰相，子路被任命为郈县的县令。鲁国在五月时发动民众开掘长河，开工之后，子路用个人的俸禄所得做成粥，邀请参加开掘长河的人到五父的大道上用餐。孔子听说此事后，派子贡前去倒掉粥，打碎盛粥的容器，说："这些民众为鲁国国君所有，你凭什么给他们吃饭？"子路怫然而怒，挽起袖子露出胳膊闯进孔子的住处，问道："先生您忌恨我施行仁义吗？我从先生那儿学到的，就是仁义二字。仁义的含义，就是与天下之人共享受所有，共同分享利益。如今我用自己的俸禄所得做成粥让民众吃，这样的行为都不允许，为什么呢？"孔子说："仲由你竟然如此粗野！我还以为你已知这中间的道理，你竟然不知道。你原来是这样不了解礼制的啊！你给民众吃饭，是因为爱护他们。根据礼制，天子爱护天下所有的人，诸侯爱护他所辖境内的人，大夫爱护他自己所担任的官职，士人爱护他的家庭，凡是超越了界限的，就叫作侵犯。如今鲁国国君拥有这些民众，可你却擅自超越界限去爱护他们，你这是在侵犯国君的权力，这不也太狂妄了吗？"孔子的话还未说完，季孙派来的使者就已到了，责备孔子道："我季孙肥发动民众役使他们，先生您却让弟子阻止他们干活，让他们吃饭，是想争夺我季孙肥的民众吧！"孔子于是驾着车离开鲁国。凭借孔子的贤能，而季孙还不是鲁国国君，他依仗做人臣的资本，借用君主的权术，在患难尚未形成事实之前就提早禁止，致使子路不能够施行自己个人的恩惠，而祸害也不可能发生，更何况是君主呢？凭借齐景公的权势，若能及早禁止田常的侵权行为，那么必定不会发生弑杀君主的祸患了。

原文

如耳说卫嗣公①，卫嗣公说而太息②。左右曰："公何为不相也？"公曰："夫马似鹿者，而题之千金，然而有百金之马，而无一金之鹿者，马为人用而鹿不为人用也。今如耳，万乘之相也③，外有大国之意，其心不在卫，虽辩智，亦不为寡人用，吾是以不相也。"

①说(shuì)：游说，劝谏。
②说(yuè)：同"悦"，高兴。
③万乘(shèng)：古代一车四马称为一"乘"，万乘在这里指拥有一万辆战车的大国。

如耳游说卫嗣公，卫嗣公听后很高兴，但又叹息不已。他身边的人说："您为什么不任命如耳为宰相呢？"卫嗣公说："那跑起来如鹿一样快的马，可以给它标价千金，可是有价值百金之马，而没有价值一金之鹿，为什么呢？那是因为马能被人用而鹿不能为人所用。如今的如耳，是拥有万乘兵车的大国的相才，他言外之意也有到大国去的打算，他的心思不在我们卫国，虽然善辩聪明，也不可能为我所用，因此我不让他当宰相。"

薛公之相魏昭侯也，左右有孪子者曰阳胡、潘①，其于王甚重，而不为薛公。薛公患之。于是乃召与之博，予之人百金，令其昆弟博；俄又益之人二百金。方博有间，谒者言客张季之子在门②，公怫然怒，抚兵而授谒者曰："杀之！吾闻季之不为文也。"立有间，时季羽在侧，曰："不然。窃闻季为公甚，顾其人阴未闻耳。"乃辍不杀客而大礼之，曰："囊者闻季之不为文也，故欲杀之；今诚为文也，岂忘季哉？"告廪献千石之粟，告府献五百金，告驺私厩献良马固车二乘，因令奄将宫人之美妾二十人③，并遗季也④。孪子因相谓曰："为公者必利，不为公者必害，吾曹何爱不为公？"因私竞劝而遂为之⑤。薛公以人臣之势，假人主之术也，而害不得生，况错之人主乎⑥？夫驯乌者断其下翎。断其下翎，则必恃人而食，焉得不驯乎？夫明主畜臣亦然，令臣不得不利君之禄，不得无服上之名。夫利君之禄，服上之名，焉得不服？

①孪子：即双胞胎。
②谒者：主管通报宾客的官员。
③奄：通"阉"，指宦官。
④遗(wèi)：送给。
⑤竞劝：争相卖力。

⑥错:通"措",放置。

薛公田文担任魏昭侯宰相期间,魏昭侯身边有一对双胞胎叫阳胡、阳潘,他们很受魏昭侯的器重,可是不替薛公效劳。薛公对此非常担心。于是将他俩召来一起赌博,给了他俩每人一百金,让他们兄弟先赌;不一会儿,又给每人增加了二百金。赌博了一会儿,主管通报宾客的官员进来报告,说是客人张季的儿子在门口求见,薛公怫然大怒,握了握手中的兵器,然后把兵器递给这个官员道:"杀掉他!我听说张季不肯替我田文效劳。"站了一会儿,当时张季的党羽正好在旁边,说:"并不是这么回事。我私下听说张季很卖力地为您效劳,只是因为他是暗中效劳,您没有听说到罢了。"于是薛公收回刚才的命令,不再斩杀客人,而是用非常隆重的礼仪接待他,还说:"先前听说张季不替我效劳,所以想杀掉他的儿子;如今听说张季确实是替我效劳的,我哪敢忘记张季呢?"又通知管粮仓的从粮仓拿出一千石粮食,通知管府库的从府库拿出五百金,通知马夫从自己的马棚里挑出良马八匹、好车二辆,又命令宦官从宫女中选出二十位漂亮的佳人,领来一并送给张季。那一对双胞胎兄弟于是相互商量道:"为薛公出力必定有利可图,不为薛公出力必定有祸害,我们为什么不为薛公出力呢?"于是争相卖力地为薛公出力。薛公凭借一个大臣的权势,尚且能假借君主的权术,致使祸害不发生,何况是将这种手段放到君主的手中来使用呢?那驯养乌鸦的人,必须剪断它的翅膀和尾巴上的长羽毛。剪断这些长羽毛,乌鸦就必须靠人喂养,哪能不驯服呢?贤明的君主畜养大臣,也是同样的道理,使大臣不得不获取君主的俸禄,不得不在君主安排的职位上工作。要获取君主的俸禄,服从君主的安排,哪有不驯服的呢?

二、人主者,利害之轺毂也①

申子曰:"上明见②,人备之;其不明见,人惑之。其知见③,人惑之;不知见,人匿之④。其无欲见,人司之⑤;其有欲见,人饵之。故曰:吾无从知之,惟无为可以规之⑥。"

靖郭君之相齐也,王后死,未知所置⑦,乃献玉珥以知之。一曰:薛公相齐,齐威王夫人死,中有十孺子皆贵于王,薛公欲知王所欲立而请置一人以为夫人。王听之,则是说行于王,而重于置夫人也;——王不听,是说不行,而轻于置夫人也。欲先知王之所欲置以劝王置之。——于是为十玉珥而美其一而献之。王以赋十孺子⑧。明日坐,视美珥之所在而劝王以为夫人。

①这句话的意思是：君主是决定臣下利害的中心。 轺(yáo)：古代一种轻便的马车。 毂：车辐聚集的中心。

②见：同"现"，表现。这里的六个"见"，用法都一样。

③知：通"智"，智慧。

④匿之：蒙蔽他。

⑤司之：伺机探察他。

⑥规：通"窥"。

⑦置：设立，这里是指新立王后。

⑧赋：赠送。

申不害说："君主若表现出他的明察，臣子们便会防备他；若表现出他的糊涂，臣子们便会糊弄他。君主若表现出他的智慧，臣子们便会迷惑他；若表现出他的愚蠢，臣子们便会蒙蔽他。君主若表现出他没什么欲望，臣子们就会伺机探察他；若表现出他的欲望来，臣子们就会引诱他。所以说：我没有什么办法可以了解臣子，只有用无所作为的方式来窥测臣子。"

靖郭君田婴担任齐国宰相期间，王后死了，他不知道谁将被立为新王后，于是就献上玉制的耳饰来了解情况。另一种说法是：薛公田婴在齐国任宰相，齐宣王的夫人死了，宫中有十个姬妾同时为宣王所宠爱，薛公想要知道宣王将要立谁为夫人，而后自己再去请求立这个人为夫人。——如果宣王听从自己的请求，那么表明自己的建议被宣王所采纳，同时又会受到新夫人的器重；而如果宣王不听从，那么表明自己的建议不被宣王所采纳，同时又会受到新夫人的轻视。所以他想先了解到宣王准备立谁为新夫人，然后自己再去劝说宣王也立她。——于是他特意制作了十副玉制的耳饰，再将其中的一副精工细作，然后献给宣王。宣王就将这十副耳饰分别赠送给十个姬妾。第二天，薛公陪宣王坐着，看见那副最美的耳饰戴在谁的耳朵上，就劝说宣王立这个人为夫人。

甘茂相秦惠王，惠王爱公孙衍，与之间有所言，曰："寡人将相子。"甘茂之吏道穴闻之，以告甘茂。甘茂入见王，曰："王得贤相，臣敢再拜贺。"王曰："寡人托国于子，安更得贤相？"对曰："将相犀首。"王曰："子安闻之？"对曰："犀首告臣。"王怒犀首之泄，乃逐之。

甘茂为秦惠王当宰相,而秦惠王又宠爱公孙衍(即犀首),曾与公孙衍有秘密的谈话,说:"我将任用你当宰相。"甘茂手下的一个官吏从墙洞中偶然听到这个秘密,于是告诉了甘茂。甘茂进宫拜见秦惠王,说:"大王已得到了贤能的宰相,为臣我冒昧再拜前来祝贺。"秦惠王说:"我将国家托付给你,怎么会说又得到了贤能的宰相呢?"甘茂回答道:"您将让犀首当宰相。"秦惠王说:"你从哪里听到的?"甘茂答道:"是犀首告诉我的。"秦惠王很气愤犀首泄露了秘密,于是将犀首驱逐。

三、术之不行,有故①

【原文】

宋人有酤酒者,升概甚平②,遇客甚谨,为酒甚美,县帜甚高③,然而不售,酒酸。怪其故,问其所知闾长者杨倩。倩曰:"汝狗猛耶?"曰:"狗猛,则酒何故而不售?"曰:"人畏焉。或令孺子怀钱挈壶瓮而往酤,而狗迓而龁之④,此酒所以酸而不售也。"夫国亦有狗,有道之士怀其术而欲以明万乘之主,大臣为猛狗迎而龁之,此人主之所以蔽胁,而有道之士所以不用也。故桓公问管仲曰:"治国最奚患?"对曰:"最患社鼠矣。"公曰:"何患社鼠哉?"对曰:"君亦见夫为社者乎?树木而涂之,鼠穿其间,掘穴托其中。熏之,则恐焚木;灌之,则恐涂阤⑤。此社鼠之所以不得也。今人君之左右,出则为势重而收利于民,入则比周而蔽恶于君。内间主之情以告外,外内为重,诸臣百吏以为富。吏不诛,则乱法;诛之,则君不安。据而有之,此亦国之社鼠也。"故人臣执柄而擅禁,明为己者必利,而不为己者必害,此亦猛狗也。夫大臣为猛狗而龁有道之士矣,左右又为社鼠而间主之情,人主不觉。如此,主焉得无壅,国焉得无亡乎?

①这句话的意思是:统治之术难以实行是有原因的。
②升:量酒的器具,即"提子"。 概:本义为盛粮食时刮平容器的工具,此处是量酒的意思。
③县:同"悬"。
④迓(yà):迎着。 龁(hé):咬。
⑤阤(zhì):小范围的崩塌。

译文

宋国有个卖酒的人,用提子量酒时十分平稳,对待顾客十分谨慎热情,酿造的酒也十分醇美,招牌悬挂得十分高,可是酒却卖不出去,最后坏了。他十分纳闷,找不出原因,于是向他认识的街坊的长者杨倩请教。杨倩说:"你家的狗是不是十分凶猛?"这个人说:"狗是十分凶猛,可是酒为什么卖不出去呢?"杨倩说:"人们害怕狗啊。有的人让小孩子拿上钱带上酒壶前去打酒,你的狗迎面咬叫打酒的人,这就是你的酒变坏而卖不出去的原因。"国家也有猛狗,有治国策略的人胸怀他的法术,想去使拥有万乘兵车的大国君主贤明起来,可是大臣却像猛狗一样迎面咬他,这就是君主受蒙蔽、胁迫,有治国策略的人士不被任用的原因。所以齐桓公问管仲道:"治理国家最担心什么?"管仲回答道:"最担心钻进神像中的老鼠。"齐桓公说:"为什么说最担心钻进神像中的老鼠呢?"管仲回答道:"您曾见过塑神像的情形吗?先竖起木头架子,再用泥巴涂抹,可是老鼠却钻进其中挖鼠洞住在里面。用烟火熏烧,则担心焚烧了木头;用水浇灌,则担心所塑的泥巴小范围内崩塌。这就是神像中的老鼠捉不住的原因。如今君主身边的人,走出朝廷时则互相依靠厚重的权势向人民收取利益,进入朝廷时则相互勾结在君主跟前掩藏邪恶。他们在宫中打探君主的动向,然后告诉宫外的党羽,内外勾结逐渐势重,群臣百官于是暴富。这些官吏若不诛杀,那么会扰乱法制;诛杀掉他们,那么君主又于心不安。他们依靠国君而存在并且操纵了国君,这也就如同是国家的社鼠啊!"所以大臣执掌了权柄,擅用禁令,就会向人们表明:为他效力的,必定有利益;不为他效力的,必定有祸害,这也就如同酒店中的猛狗。大臣像猛狗一样咬那些怀有治国方略的人士,身边的侍从又像社鼠一样窥探君主的隐情,君主也发觉不了。如此一来,君主哪能不被蒙蔽,国家哪能不灭亡呢?

 原文

吴起,卫左氏中人也①,使其妻织组而幅狭于度②。吴子使更之,其妻曰:"诺。"及成,复度之,果不中度,吴子大怒。其妻对曰:"吾始经之,而不可更也。"吴子出之。其妻请其兄而索入。其兄曰:"吴子,为法者也。其为法也,且欲以与万乘致功,必先践之妻妾,然后行之,子毋几索入矣③。"其妻之弟又重于卫君,乃因以卫君之重请吴子。吴子不听,遂去卫而入荆也。

 注释

① 左氏:卫国城邑名。
② 组:丝带。 度:标准。
③ 毋几:没有希望。

吴起是卫国左氏城中的人,他让妻子编织丝带,可是丝带的宽幅比规定的标准要窄一些。吴起让她更改,妻子说:"好吧。"等织成之后,又去度量,还是不合标准,吴起十分愤怒。他的妻子回答道:"开始编织时已定好了左右的经线,所以不可能再更改。"吴起便将妻子休了。他的妻子请求自己的哥哥说情想与吴起复婚。她哥哥说:"吴起,是崇尚法治的人。他推行法治是准备用来替拥有万乘兵车的大国建功立业,因而一定要先在妻妾身上实行,然后再加以推广,你没有希望与他复婚了。"吴起妻子的弟弟中有一人被卫国国君器重,于是便凭着被卫国国君所器重的身份请求吴起回心转意。吴起没有听从,遂离开卫国前往楚国。

◎ 外储说·右下

【题解】

这是《外储说》的第四部分,用五个话题进一步阐述主题。

一、赏罚共则禁令不行①

【原文】

造父御四马②,驰骤周旋而恣欲于马。恣欲于马者,擅辔策之制也。然马惊于出彘而造父不能禁制者,非辔策之严不足也,威分于出彘也。王子於期为驸驾,辔策不用而择欲于马,擅刍水之利也。然马过于圃池而驸马败者③,非刍水之利不足也,德分于圃池也。故王良、造父,天下之善御者也,然而使王良操左革而叱咤之,使造父操右革而鞭笞之,马不能行十里,共故也。田连、成窍,天下善鼓琴者也,然而田连鼓上、成窍摵下而不能成曲④,亦共故也。夫以王良、造父之巧,共辔而御,不能使马,人主安能与其臣共权以为治?以田连、成窍之巧,共琴而不能成曲,人主又安能与其臣共势以成功乎?

【注释】

①这句话的意思是:君臣共同掌握赏罚大权,禁令便难以实行。
②造父:传说中的驾车高手。
③驸马:这里当为"驸驾"。
④摵(jié):按住。

【译文】

造父驾驭着四匹马拉的车,或者快速飞驰,或者原地转圈,随心所欲地驱使着马。他之所以能够随心所欲地驱使马,靠的是马缰绳和马鞭的控制。可是马被突然窜出来的猪所惊吓,造父再也不能禁止、控制马,并不是马缰绳和马鞭不够威严,而是这种威严被突然窜出的猪分散了。王子於期为副驾,驾驭车时,不用马缰绳和马鞭,而是选择马所喜欢吃的东西来驯养马,靠的是饲料与水的利诱。可是马车经过园林的水池之时,车散了架,并不是饲料和水的诱惑不够大,而是这种利诱被园林的水池分散了。所以说,王良和造父,都是天底下善于驾驭的人,可假如让王良手握左边的缰绳而大声吆喝马,让造父手握右边的缰绳而鞭打马,马车连十里的路程也走不了,这是由于两个人共同操纵、驾驭的缘故啊。田连和成窍,都是天底下善于弹琴的人,可是让田连在琴首弹拨,让成窍在琴尾按弦,则弹不出曲子,这也是共同操作的缘故啊。凭借王良、造父的技巧,一同操纵缰绳驾驭马车,还不能驱使马匹,君主又哪能与臣子共同执掌权力来治国?凭借田连、成窍的技巧,共同弹奏一张琴而不能成曲,君主又哪能与臣子共同拥有权势来取得成功呢?

【原文】

司城子罕谓宋君曰:"庆赏赐与,民之所喜也,君自行之;杀戮诛罚,民之所恶也,臣请当之。"宋君曰:"诺。"于是出威令,诛大臣,君曰"问子罕"也。于是大臣畏之,细民归之①。处期年②,子罕杀宋君而夺政。故子罕为出彘以夺其君国。

【注释】

①细民:指小民百姓。
②期(jī)年:一周年。

【译文】

司城子罕对宋桓侯说:"奖赏恩赐,是老百姓所喜欢的,君主您自己行使这种权力;杀戮诛罚,是老百姓所厌恶的,为臣我请求主持。"宋桓侯说:"好吧。"从此之后,凡是发布威严的命令,诛杀大臣之类的事,宋桓侯总是说"去问子罕"。这样一来,大臣们都害怕子罕,小民都归附子罕。一周年之后,子罕杀掉宋桓侯从而夺取了宋国的政权。所以说,子罕就好比是从路边窜出来的猪,用分散威严的手段夺取了君主的国家。

二、治强生于法,弱乱生于阿①

【原文】

秦昭王有病,百姓里买牛而家为王祷②。公孙述出见之,入贺王曰:"百姓乃皆里买牛为王祷。"王使人问之,果有之。王曰:"訾之人二甲③。夫非令而擅祷,是爱寡人也。夫爱寡人,寡人亦且改法而心与之相循者,是法不立;法不立,乱亡之道也。不如人罚二甲而复与为治。"

秦大饥,应侯请曰:"五苑之草著④、蔬菜、橡果、枣栗,足以活民,请发之。"昭襄王曰:"吾秦法,使民有功而受赏,有罪而受诛。今发五苑之蔬草者,使民有功与无功俱赏也。夫使民有功与无功俱赏者,此乱之道也。夫发五苑而乱,不如弃枣蔬而治。"一曰:"令发五苑之蓏、蔬、枣、栗足以活民⑤,是用民有功与无功争取也⑥。夫生而乱,不如死而治。大夫其释之!"

①这句话的意思是:国家的安定与强盛在于依法办事,削弱与混乱在于枉法办事。
②里买牛:以村落里巷为单位买牛。
③訾(zǐ):惩罚。
④著:当作"薯"(藤泽南岳说)。
⑤令:若。　蓏(luǒ):瓜类的总称。
⑥用:使。

秦昭王生病了,百姓以村为单位买上牛,然后每家每户为他祷告。公孙述外出见到了这种情况,进宫向秦昭王祝贺道:"百姓们以村子为单位买了牛为大王您祷告呢。"秦昭王派人去打听,果然有这么一回事。秦昭王说:"惩罚他们每人献出两副铠甲。不下命令就擅自祷告,说明他们爱戴我,我也会改变法令而与他们心心相通,这样一来,法制便不能建立,法制不立,国家就会走上混乱灭亡的道路。与其如此,倒不如惩罚他们每人献出两副铠甲,再共同治理好国家。"

秦国遭受了严重的饥荒,应侯向秦昭襄王请求道:"五苑之中的草薯、蔬菜、橡果、枣子和栗子,可以救活饥民,请发放给他们吧。"昭襄王说:"我们秦国的法令,是使有功的民众受到奖赏,有罪的民众受到诛罚。如今若发放了五苑中的蔬菜和草薯等,是让有功的民众和无功的民众同时受到奖赏。让有功的民众和无功的民众同时受到奖赏,这是引发混乱的导火索。与其发放五苑的东西而引发混乱,还不如抛弃枣子、蔬菜等而使国家治理好。"另一种说法是,昭襄王说:"假若发放五苑之中的瓜类、蔬菜、枣子、栗子可以救活饥民,这是让有功的民众与无功的民众都去争抢这些活命的东西。与其让他们活命而产生混乱,还不如让他们死去而使国家得到治理。大夫您还是放弃这个念头吧!"

三、明主之道,如周行人之却卫侯也①

子之相燕,贵而主断。苏代为齐使燕,王问之曰:"齐王亦何如主也?"对曰:"必不霸矣。"燕王曰:"何也?"对曰:"昔桓公之霸也,内事属鲍叔，外事属管仲，桓公被发而御妇人②，日游于市③。今齐王不信其大臣。"于是燕王因益大信子之。子之闻之，使人遗苏代金百镒④，而听其所使之。

潘寿谓燕王曰："王不如以国让子之。人所以谓尧贤者，以其让天下于许由，许由必不受也，则是尧有让许由之名而实不失天下也。今王以国让子之，子之必不受也，则是王有让子之之名而与尧同行也。"于是燕王因举国而属之，子之大重。

①这句话的意思是：明主的治国之道，应像周王朝的官员拒绝卫文侯那样，维护君主的尊严。
②被发：即"披发"。
③市：指宫中的街市。
④遗(wèi)：赠送。 镒(yì)：古代重量单位，一镒等于二十四两。

子之做燕国的宰相，地位尊贵而独断专行。苏代作为齐国的使者出使燕国，燕王哙问他道："齐宣王是个什么样的君主呢？"苏代回答说："他必定不会称霸的。"燕王哙说："为什么呢？"苏代回答道："从前齐桓公称霸之时，内部的事委托给鲍叔牙，外部的事委托给管仲，桓公本人披头散发玩弄姬妾，每天在街上游玩。如今的齐宣王却不信任他的大臣。"于是燕王哙更加信任子之。子之听说此事后，派人送给苏代黄金百镒，并且听凭苏代役使自己。

潘寿对燕王哙说："大王您不如将国家让给子之。人们之所以称颂尧贤明，是因为他将天下让给许由，而许由必定不会接受，这样一来，尧拥有了将天下让给许由的美名，而实际上却并没有失去天下。如今大王将国家让给子之，子之也必定不会接受，这样，大王您就有了将国家让给子之的美名，同时也具有了与尧同样的德行。"于是燕王哙便将整个国家都委托给子之，子之从此非常尊贵。

卫君入朝于周，周行人问其号①，对曰："诸侯辟疆。"周行人却之曰："诸侯不得与天子同号。"卫君乃自更曰："诸侯毁。"而后内之②。仲尼闻之，曰："远哉，禁逼！虚名不以借人，况实事乎？"

①行人：官职名，主管诸侯朝拜之事。
②内：同"纳"，容纳，允许进入。

卫文公入宫朝拜周天子，周王朝主管朝见之事的行人询问他的名号，卫文公回答说："诸侯辟疆。"周王朝的行人不让他进去，说："诸侯不可以与天子用同样的名号。"卫文公于是自己更改了名号，说："诸侯毁。"行人方才让他进去。孔子听说此事后，说："禁止属下威逼上级，这件事的意义深远啊！连没有实际意义的名号都不得借给他人，何况是有实效的权力呢？"

四、人主者，守法责成以立功者也①

摇木者一一摄其叶②，则劳而不遍；左右拊其本③，而叶遍摇矣。临渊而摇木，鸟惊而高，鱼恐而下。善张网者引其纲④，若一一摄万目而后得⑤，则是劳而难；引其纲，而鱼已囊矣。故吏者，民之"本"、"纲"者也，故圣人治吏不治民。

椎锻者⑥，所以平不夷也；榜檠者⑦，所以矫不直也。圣人之为法也，所以平不夷、矫不直也。

①这句话的意思是：君主，是遵守法制，责成下属完成任务建立功勋的人。
②摄：晃动。
③拊(fǔ)：拍打，拍击。
④纲：指渔网的纲绳。
⑤目：指渔网的网眼。
⑥椎锻：锤子和砧石。
⑦榜檠(bēng qíng)：矫正弓弩的器具。

摇动树木的人若一一去晃动它的叶子，那么即使很劳累也不可能将叶子摇遍；若一左一右地拍打树干，那么叶子就能全部抖动。临近水潭去摇动树木，树上的鸟会因受惊吓而高高飞起，水中的鱼会因害怕而游到水底。善于张网捕鱼的人总是拉动渔网的纲绳，若一个一个去拉动成千上万的网眼然后去捉鱼，那么即使很劳累也难以达到目的；可是若拉动纲绳，鱼便会自然而然地进入网中。所以说，官吏就好比是民众中的"树干"和"纲绳"，因此，圣明的君主去管理官吏而不是去直接管理民众。

椎、锻，是用来平整不平的工具；榜檠，是用来矫正弓弩的工具。圣人所制定

五、因事之理,则不劳而成[1]

兹郑子引辇上高梁而不能支[2],兹郑踞辕而歌,前者止,后者趋,辇乃上。使兹郑无术以致人,则身虽绝力至死,辇犹不上也。今身不至劳苦而辇以上者[3],有术以致人之故也。

[1]这句话的意思是:依照自然规律行事,不用费劲即可成功。
[2]辇(niǎn):一种靠人力拉的车子。
[3]以:通"已"。

兹郑子拉着车上一座高桥而力不能支,于是他就靠住车辕唱起歌来,结果前面的行人停了下来,后面的行人往前涌动,车子在大家的簇拥下上了桥。假如兹郑子没有办法招徕行人,那么他自己即使拼死力拉车,车子还是上不了桥。如今自己不至于费多大的劲而车子已被推上了桥,那是因为他有招徕行人的手段这个缘故啊。

齐桓公微服以巡民家,人有年老而自养者,桓公问其故。对曰:"臣有子三人,家贫无以妻之,佣未反[1]。"桓公归,以告管仲。管仲曰:"畜积有腐弃之财,财人饥饿;宫中有怨女,则民无妻。"桓公曰:"善。"乃论宫中有妇人而嫁之[2]。下令于民曰:"丈夫二十而室[3],妇人十五而嫁。"

[1]反:通"返",返回。
[2]论:这里是统计、调查的意思。
[3]室:指男子娶妻成家。

译文

齐桓公微服去巡访普通人家,遇见一个年纪很大而仍靠自己养活自己的人,齐桓公询问其中的缘故。这个老者回答道:"我有三个儿子,因为家庭贫困,无法给他们娶妻,他们外出做雇工尚未返回。"齐桓公回来后,告诉了管仲这件事。管仲说:"朝廷的积蓄中若有腐烂而丢弃的东西,那么百姓便会忍饥挨饿;宫中老有长守空房的女子,那么百姓中便会有人娶不上妻子。"齐桓公说:"说得好。"于是调查宫中有多少多余的妇女,而后将她们嫁到民间。又向民众颁布命令:"男子二十岁娶妻,女子十五岁出嫁。"

◎ 五 蠹

题解

"蠹"（dù）是蛀蚀器物的一种虫子。本篇用"五蠹"来比喻危害国家利益的五种人，他们是：儒生、纵横家、游侠刺客、权贵阶层私下豢养的门客、工商业者。

原文

上古之世，人民少而禽兽众，人民不胜禽兽虫蛇①。有圣人作，构木为巢以避群害，而民悦之，使王天下②，号曰有巢氏。民食果蓏蚌蛤③，腥臊恶臭而伤害腹胃，民多疾病。有圣人作，钻燧取火以化腥臊，而民说之④，使王天下，号之曰燧人氏。中古之世，天下大水，而鲧、禹决渎⑤。近古之世，桀、纣暴乱，而汤、武征伐。今有构木钻燧于夏后氏之世者，必为鲧、禹笑矣；有决渎于殷、周之世者，必为汤、武笑矣。然则今有美尧、舜、汤、武、禹之道于当今之世者，必为新圣笑矣。是以圣人不期修古，不法常可，论世之事，因为之备。宋人有耕田者，田中有株，兔走触株，折颈而死，因释其耒而守株⑥，冀复得兔，兔不可复得，而身为宋国笑。今欲以先王之政治当世之民，皆守株之类也。古者丈夫不耕，草木之实足食也；妇人不织，禽兽之皮足衣也。不事力而养足，人民少而财有余，故民不争。是以厚赏不行，重罚不用，而民自治。今人有五子不为多，子又有五子，大父未死而有二十五孙⑦。是以人民众而货财寡，事力劳而供养薄，故民争，虽倍赏累罚而不免于乱。

① 不胜(shēng)：无法忍受。
② 王(wàng)：称王。
③ 果蓏(luǒ)：瓜果的总称。　蚌蛤(bàng gé)：河蚌和蛤蜊。
④ 说(yuè)：同"悦"。
⑤ 决渎：疏导洪水。
⑥ 耒(lěi)：古时一种农具，状如木叉。
⑦ 大父：祖父。

译文

上古时代，老百姓少而猛禽恶兽多，老百姓无法忍受禽兽虫蛇的危害。于是就有圣人出现了，他架设木头成为屋舍，用来躲避种种危害，所以百姓很喜欢他，让他称王天下，他就是有巢氏。那时百姓吃生的瓜果蚌蛤，又腥又臊，恶臭难忍，还伤害肠胃，因而好多人都有疾病。于是又有圣人出现了，他钻木取火，将食物烤熟消除腥臊，老百姓都喜欢他，让他称王天下，他就是燧人氏。中古时代，天下洪水泛滥成灾，鲧和禹挖开河道，排泄洪水。近古时代，桀和纣残暴荒淫，天下混乱，商汤和周武王发兵征伐他们。如今若有人在夏朝再构筑木屋、钻木取火，一定会被鲧和禹取笑；若有人在殷、周的朝代开河疏导洪水，一定会被商汤和周武王取笑。既然如此，如果有人在当今之世美化尧、舜、鲧、禹、汤、武的治国之道，一定会被新时代的圣人所取笑。所以圣人不期望遵照古人的方法，不效法往常可行的措施，而应考虑当代的实际，根据实际制定相应的措施。宋国有个耕田的人，田地中有一个树桩，一只兔子跑来碰到树桩上，折断脖子死去了。这个耕田的人从此放下手中的农具，守候在树桩旁，希望再得到兔子。兔子不可能再次撞上树桩，而他自己却被宋国人嘲笑。如今那些想用先王的治国之道来治理当今社会的人，都是守住树桩等待兔子的一类人啊。古时候男子不用耕田，自然界草木的果实就足够人们吃了；女子不用纺织，自然界飞禽走兽的皮革就足够人们穿了。不用花费太多的精力就能得到充足的衣服、食物，人口少而财物有富余，所以人民不用争抢。不用给予丰厚的奖赏，也不用实行严酷的惩罚，老百姓就能相安无事。如今的人，生有五个儿子不算很多，五个儿子每人又生五个儿子，如此一来，祖父还未去世，就已经有了二十五个孙子了。因此，人口多而财物相对减少，努力劳作而人均收入仍很少，所以老百姓要争抢，即使加倍赏赐、重重惩罚，社会的动荡不安仍然不可避免。

原文

尧之王天下也，茅茨不翦①，采椽不斫②；粝粢之食③，藜藿之羹④；冬日麑裘⑤，夏日葛衣；虽监门之服养，不亏于此矣。禹之王天下也，身执耒锸以为民先⑥，股无胈⑦，胫不生毛，虽臣虏之劳，不苦于此矣。以是言之，夫古之让天子者，是去监门之养，而离臣虏之劳也⑧，古传天下而不足多也。今之县令，一日身死，子孙累世絜驾⑨，故人重之。是以人之于让也，轻辞古之天子，难去今之县令者，薄厚之实异也。夫山居而谷汲者，膢腊而相遗以水⑩；泽居苦水者，买庸而决窦。故饥岁之春，幼弟不饷；穰岁之秋⑪，疏客必食⑫，非疏骨肉，爱过客也，多少之实异也。是以古之易财，非仁也，财多也；今之争夺，非鄙也，财寡也。轻辞天子，非高也,势薄也;重争土橐⑬,非下也,权重也。故圣人议多少、论薄厚为之政。故罚薄不为慈,诛严不为戾,称俗而行也。故事因于世,而备适于事。

①翦:同"剪"。
②斫(zhuó):砍。
③粝粢(lìzī):粗粮。粝是粗米,粢是谷类的总称。
④藜藿(líhuò):野菜。
⑤麑(ní):小鹿。
⑥耒锸(lěichā):古代称犁上的木把为耒,锸即现在的铁锹。
⑦胈(bá):白肉。
⑧臣虏:奴隶。
⑨絜(xié)驾:系马驾车,指乘车,这里形容享受富贵。
⑩膢(lú)腊:两种祭祀的名称。古代楚国风俗以二月祭饮食,叫膢;腊则是古时夏历十二月的祭名,始于周代。
⑪穰(ráng)岁:丰收之年。
⑫食(sì):拿东西给人吃。
⑬土橐:实"士橐"之误。士,同仕,做官;橐,通"托",依托,即依附权贵。

　　尧治理天下的时候,屋顶的茅草不修剪,架屋的椽木不削砍。他吃的是粗粮,喝的是野菜汤,冬天披的是野兽的皮,夏天穿的是粗布衣裳。如今哪怕是个看门的仆人,他吃穿也不会比尧差到哪里。禹治理天下的时候,手拿犁柄、铁锹为老百姓做表率,长期劳作,大腿没有白肉,小腿不长汗毛,即使是奴隶的劳作,也不会比这更苦。从这个角度来讲,古代辞让天子之位的人,是在摆脱看门人的待遇,逃避奴隶的劳作啊,所以古代辞让天子之位的人得不到赞美和称颂。如今一个小小的县令,一旦死去,子孙后代都能享受富贵,所以人们都看重这一职位。所以说人们对于辞让,能够很轻松地辞去古代的天子,而难以割舍今天的县令,其原因在于二者所得的轻微与丰厚不相同。在深山居住的、要到山谷中汲水的人,在过节日之时用宝贵的水相赠送,而在水乡居住、苦于水患的人,还需要雇人排水。所以饥荒之年的春天,幼小的弟弟也没有饭吃;而丰收之年的秋天,即使是生疏的客人路过,也一定会给他饭吃。这倒不是疏远骨肉亲人,喜爱过路的客人,而是年景的收成不一样。因此古代的人看轻财物,不是他们有多仁义,而是因为财物多;今天的人争夺财物,也不是贪婪,而是财物缺少。古代的人轻而易举地辞让天子,不是有多高尚,而是当天子没什么权势;如今的人争夺权位,也不是多么低下,而是权位能带来势力。所以圣贤的人会根据财物的多少、权势的轻重,制定相应的施政纲领。因此说惩罚轻微不算慈悲,诛杀严厉也不算残暴,这是根据实际情况而施行的。所以,一个国家应做的事,要由社会的实际情况来决定,而应对的具体措施也要与所做的事相匹配。

原文

古者文王处丰、镐之间,地方百里①,行仁义而怀西戎②,遂王天下。徐偃王处汉东,地方五百里,行仁义,割地而朝者三十有六国。荆文王恐其割己也,举兵伐徐,遂灭之。故文王行仁义而王天下,偃王行仁义而丧其国,是仁义用于古不用于今也。故曰:世异则事异。当舜之时,有苗不服,禹将伐之。舜曰:"不可。上德不厚而行武③,非道也。"乃修教三年,执干戚舞④,有苗乃服。共工之战,铁铦矩者及乎敌⑤,铠甲不坚者伤乎体。是干戚用于古不用于今也。故曰:事异则备变。上古竞于道德,中世逐于智谋,当今争于气力。齐将攻鲁,鲁使子贡说之⑥。齐人曰:"子言非不辩也,吾所欲者土地也,非斯言所谓也。"遂举兵伐鲁,去门十里以为界。故偃王仁义而徐亡,子贡辩智而鲁削。以是言之,夫仁义辩智,非所以持国也。去偃王之仁,息子贡之智,循徐、鲁之力,使敌万乘,则齐、荆之欲不得行于二国矣。

注释

①方:方圆。
②怀:使臣服。
③上:通"尚",崇尚。
④干戚:兵器之总称。
⑤铁:指兵器。 铦(xiān):锋利。
⑥说(shuì):游说。

译文

古时候周文王治理丰京、镐京一带,方圆不过一百里,他推行仁义使西戎臣服,最终在天下称王。徐王统治汉水以东一带,方圆五百里,他也推行仁义,四面八方割地请求臣服的国家有三十六个。楚国的国王担心徐国这样下去将会危害自己,于是出兵讨伐徐国,一举将其歼灭。所以说周文王推行仁义而称王天下,徐偃王推行仁义却葬送国家,这是因为仁义适用于古代而不适用于当今。因此说,世道不同了,治世的措施也得相应变化。还是在舜治理天下的时候,苗族人不臣服,禹想去讨伐苗族。舜说:"不行。我们崇尚道德还不够深厚就去动武,这不是治国之道。"于是又用了三年的时间大力推行教化,让老百姓手执兵器跳舞,苗族人于是归顺了。上古传说中的共工之战,拥有锋利的、修长的武器才能战胜敌人,如果铠甲不坚硬就会被敌人刺伤身体。这就是说,兵器适用于古代而不适用于当今。所以说,不同的事情应采取与之相应的不同的策略。上古之世,在道德方面比高下;中古之世,在智谋方面相角逐;当今之世,则在气力方面争大小。齐国将要攻打鲁国,鲁国派遣子贡去游说齐国不要攻打。齐国人对子贡说:"您的话不是不雄辩,可是我们想得到的是土地,而不是您言谈中所说的。"于是出兵攻伐鲁国,划定距鲁国国门十里的地方为两国国界。这样看来,徐偃王因推行仁义而导致了徐国的灭亡,子贡因论辩出色而导致鲁国土地的削减。从这个角度讲,那仁义和论辩,不是治国之道。摒弃徐偃王那样的仁义,去除子贡那样的机智,凭借徐国、鲁国固有的力量去抵御强大的敌军,那么齐、楚两国攻城略地的欲望是不会在徐、鲁两国得到满足的。

原文

夫古今异俗,新故异备。如欲以宽缓之政,治急世之民,犹无辔策而御駻马①,此不知之患也②。今儒、墨皆称先王兼爱天下,则民视如父母。何以明其然也?曰:"司寇行刑,君为之不举乐③;闻死刑之报,君为流涕。"此所举先王也。夫以君臣为如父子则必治,推是言之,是无乱父子也④。人之情性,莫先于父母,父母皆见爱而未必治也。君虽厚爱,奚遽不乱?今先王之爱民,不过父母之爱子;子未必不乱也,则民奚遽治哉?且夫以法行刑,而君为之流涕,此以效仁,非以为治也。夫垂泣不欲刑者,仁也;然而不可不刑者,法也。先王胜其法,不听其泣,则仁之不可以为治亦明矣。且民者固服于势,寡能怀于义。仲尼,天下圣人也,修行明道以游海内,海内说其仁⑤、美其义而为服役者七十人。盖贵仁者寡,能义者难也。故以天下之大,而为服役者七十人,而仁义者一人。鲁哀公,下主也,南面君国,境内之民莫敢不臣。民者固服于势,势诚易以服人,故仲尼反为臣而哀公顾为君⑥。仲尼非怀其义,服其势也。故以义,则仲尼不服于哀公;乘势,则哀公臣仲尼。今学者之说人主也,不乘必胜之势,而务行仁义则可以王,是求人主之必及仲尼,而以世之凡民皆如列徒,此必不得之数也⑦。

①駻(hàn)马:凶悍的马。
②知:通"智",明智。
③举乐:奏乐。
④乱:矛盾。
⑤说:同"悦",欣赏。

⑥顾:反而。
⑦数:规律、道理。

古今的社会状况不相同,新旧的政治措施也不相同。如果想用宽容、温和的政治措施,去治理乱世的百姓,犹如没有缰绳和鞭子而去驾驭烈马,这是犯了不明智的错误。如今的儒家和墨家都在称颂由于先王的兼爱天下,使得老百姓对待先王如同对待父母。如何证明这一点呢?他们说:"负责行刑的官员执行刑罚时,国君为此不奏乐;听到有人被判处死刑的报告,国君为之痛哭流涕。"这里称颂的是先王。如果以为君臣关系如同父子关系,社会就一定好治理,那么照此推论,也就是说,父子之间没有矛盾。在人类的感情中,没有比父母对子女的感情更深厚的,可是即使父母都对子女疼爱有加,家庭也未必和睦。国君虽然十分爱护百姓,难道就一定不会发生叛乱?如今他们所列举的先王对百姓的爱,充其量是父母对子女的爱。父母再爱子女,子女也未必不和父母发生矛盾,那么先王爱护百姓,百姓难道就一定能治理好?况且根据法律去执行刑罚,国君为之痛哭流涕,这是国君在显示仁慈,并不是当作治理国家的手段。国君痛哭流涕不想让施刑,这是仁慈;可是不得不施刑,这是法律。先王让部下依法行事,而不因自己的哭泣废除刑法,显而易见,仁义不能成为治国之道。况且老百姓的本性是屈服于权势,很少有人能被仁义所感化。仲尼是天下的圣人,他修养自身的德行,阐明仁义道德而去周游列国,天下欣赏他所说的仁、赞美他所说的义,从而成为孔子门徒的,只有七十人。这是因为以仁为贵的人很少,慷慨赴义很难。所以那么大的天下,能成为孔子门徒的,仅仅七十人,而真正做到有仁有义的,也只有孔子一个人而已。鲁哀公是一个平庸的君主,可是他在朝廷之中面南而坐统治鲁国,国境之内的人民没有敢不称臣的。这就说明百姓的本性是屈服于权势,权势确实容易让人臣服,所以能行仁义的仲尼反为臣子,而平庸的鲁哀公反而为国君。仲尼并不是为哀公的仁义所感化,而是屈服于哀公的权势。所以仅凭仁义,仲尼是不会臣服于哀公的;可凭借权势,哀公却能让仲尼俯首称臣。如今的儒士游说君主,说是不必凭借制胜的法宝——权势,只要尽力推行仁义就可以称王,这是要求君主一定得达到仲尼的水平,而要求世上的凡夫俗子也都达到孔门七十徒弟那样的水平,这显然是一个讲不通的道理。

今有不才之子,父母怒之弗为改,乡人谯之弗为动①,师长教之弗为变。夫以父母之爱、乡人之行、师长之智三美加焉,而终不动,其胫毛不改。州部之吏,操官兵、推公法,而求索奸人,然后恐惧,变其节,易其行矣。故父母之爱不足以教子,必待州部之严刑者,民固骄于爱、听于威矣。

故十仞之城,楼季弗能逾者②,峭也;千仞之山,跛牂易牧者③,夷也。故明王峭其法而严其刑也。布帛寻常④,庸人不释;铄金百溢⑤,盗跖不掇。不必害,则不释寻常;必害手,则不掇百溢。故明主必其诛也。是以赏莫如厚而信,使民利之;罚莫如重而必,使民畏之;法莫如一而固,使民知之。故主施赏不迁,行诛无赦,誉辅其赏,毁随其罚,则贤、不肖俱尽其力矣。今则不然。以其有功也爵之,而卑其士官也⑥;以其耕作也赏之,而少其家业也;以其不收也外之⑦,而高其轻世也;以其犯禁也罪之,而多其有勇也。毁誉、赏罚之所加者,相与悖缪也,故法禁坏而民愈乱。今兄弟被侵必攻者,廉也;知友被辱随仇者,贞也。廉贞之行成,而君上之法犯矣。人主尊贞廉之行,而忘犯禁之罪,故民程于勇,而吏不能胜也。不事力而衣食,则谓之能;不战功而尊,则谓之贤。贤能之行成,而兵弱而地荒矣。人主说贤能之行⑧,而忘兵弱地荒之祸,则私行立而公利灭矣。

①谯(qiào):责骂、谴责。
②楼季:战国时魏国人,魏文王之弟,以擅长攀援而著名。
③跛牂(bǒ zāng):瘸腿的母羊。
④寻常:古代长度单位,八尺为一寻,两寻为一常。
⑤铄(shuò):金属熔化。 溢:通"镒"(yì),古代重量单位,合二十四两。
⑥卑:轻视。
⑦不收:不被任用。
⑧说:同"悦",喜欢。

如今有个不成器的孩子,父母对他发怒他不改变;邻居乡亲谴责他,他不为所动;老师长辈教导他,他顽固不化。把父母的爱、乡邻的品行、师长的才智这三样美好的东西加在一起来劝导、感化他,他始终不动心,丝毫不改变。直到官府的官吏带领兵卒执行国家的法令,而去搜寻捉拿坏人时,他才感到害怕,不好的品德行为一下子就改变了。所以父母的爱不足以教化儿子,而一定要等到官府的官吏施行严酷的刑罚才起作用,这是因为人的本性是:受到疼爱容易骄傲,受到威胁容易服从。十仞高的城墙,即使是以擅长攀登而著名的楼季也不能逾越,那是因为城墙太陡峭;千仞高的大山,瘸腿的母羊也易于被放牧,那是因为山势平缓。所以明智的君主常常制定极威严的法令和极严酷的刑罚。一丈左右的布帛,常人见了都爱不释手;一百镒正在熔化的黄金,即使是盗跖这样的大盗也不敢去拿。不一定会受到伤害时,一丈左右的布帛也爱不释手;一定会烫伤双手时,则百镒黄金也不去拿。所以圣明的君主会坚定地实行诛杀。赏赐就要丰厚而讲信用，让人民知道有利可图；惩罚就要从重而坚决实行，让人害怕它；法令最好是一以贯之，固定下来，让人民充分了解它。君主如果能做到赏赐之时不犹豫，诛杀之时不赦免，并且用信誉弥补奖赏之不足，让诋毁紧随惩罚之后，那么无论是贤明的人还是没有才德的人，都会尽自己的能力为君主效劳。如今却不是这样。因为某个人有功劳就授爵位给他，但却轻视他做官；因为某个人耕作辛劳就奖赏他，但却轻视他的家业；因为某个人不愿被任用就疏远他，但却崇尚他的淡泊名利；因为某个人犯了禁令就治罪于他，但却赞美他的勇敢。在诋毁和赞誉、赏赐和惩罚的执行中，是相互矛盾的，所以法令、禁令被毁坏而老百姓愈加混乱。如今，兄弟被人侵犯，一定去帮他还击，是所谓的"廉"；知心朋友被人侮辱一定帮他报仇，是所谓的"贞"。"廉"和"贞"的行为一旦完成，国君的法令也便触犯了。君主提倡、尊崇所谓"贞"和"廉"的行为，而将触犯禁令的罪责忘却，所以人民都要显示匹夫之勇，这样一来，官吏便不好管理他们了。不依靠劳动而得到衣食，叫作有能耐；不依靠作战立功而被尊敬，叫作贤明。当这样的"贤"和"能"一旦形成，国家的兵力便削弱了，土地也荒芜废弃。君主喜欢贤能者的品行，而忘记了兵力削弱、土地荒芜的祸患，那么谋取私利的行为就会盛行，而国家的利益则会荡然无存。

儒以文乱法，侠以武犯禁，而人主兼礼之，此所以乱也。夫离法者罪①，而诸先生以文学取；犯禁者诛，而群侠以私剑养。故法之所非，君之所取；吏之所诛，上之所养也。法趣上下，四相反也，而无所定，虽有十黄帝不能治也。故行仁义者非所誉，誉之则害功②；文学者非所用，用之则乱法。楚之有直躬，其父窃羊，而谒之吏③。令尹曰："杀之！"以为直于君而曲于父④，报而罪之。以是观之，夫君之直臣，父之暴子也⑤。鲁人从君战，三战三北⑥。仲尼问其故，对曰："吾有老父，身死莫之养也。"仲尼以为孝，举而上之。以是观之，夫父之孝子，君之背臣也。故令尹诛而楚奸不上闻，仲尼赏而鲁民易降北。上下之利，若是其异也，而人主兼举匹夫之行，而求致社稷之福，必不几矣⑦。

①离法：背离法令。
②功：指耕田和打仗。
③谒：揭发，告诉。
④曲：弯曲，与"直"相对，引申为不合理，不合适。
⑤暴子：即叛逆之子。

⑥北:打仗失败。

⑦不几:行不通。

儒家用文学扰乱法治,游侠用武力触犯禁令,可是君主却对他们一律以礼相待,这就是社会混乱的原因。背离法令是有罪的,可是儒生们却凭借文学方面的才能取得职位;触犯禁令是该诛杀的,可是那群侠客却凭借各自的剑术被人豢养。因此说,法令所否定的,却是君主所任用的;官吏所诛杀的,却是上层社会所豢养的。法令所否定和君主所任用,官吏所诛杀和上层社会所豢养,这四者是相互矛盾的,没有一个标准。这样的社会,即使有十个黄帝,也不可能治理好。所以说那些提倡仁义的人不该受到推崇,推崇他们就会妨碍农耕和打仗;那些有文学才能的人不该受到重用,重用他们就会扰乱法令。楚国有个名叫直躬的人,他的父亲偷盗了别人的羊,直躬到官吏那里揭发了父亲的罪行。令尹说:"杀掉直躬!"原因是直躬虽对君主忠诚,却对父亲不孝,所以要治他的罪。由此来看,君主的直臣,却是父亲的逆子。有个鲁国人跟随国君征战,三次作战,三次都败下阵来。仲尼询问他其中的缘故,这个人回答说:"我家中有老父亲,我战死后没有人养活他。"仲尼认为这个人是个大孝子,向上推荐他做官。由此看来,父亲的孝子却是君主的叛臣。所以说自从令尹诛杀了直躬后,楚国的坏人坏事就再也传不到上面了;自从仲尼欣赏打仗失败的人之后,鲁国的百姓就轻易投降败阵。国家利益和私人的利益,是如此的水火不相容,而君主却既想提倡匹夫的小小的品行,又想谋求国家的利益,这定然行不通。

原文

古者仓颉之作书也,自环者谓之私,背私谓之公。公私之相背也,乃仓颉固以知之矣。今以为同利者,不察之患也。然则为匹夫计者,莫如修行义而习文学①。行义修则见信,见信则受事②;文学习则为明师,为明师则显荣:此匹夫之美也。然则无功而受事,无爵而显荣,有政如此,则国必乱,主必危矣。故不相容之事,不两立也。斩敌者受赏,而高慈惠之行;拔城者受爵禄,而信廉爱之说③;坚甲厉兵以备难,而美荐绅之饰④;富国以农,距敌恃卒⑤,而贵文学之士;废敬上畏法之民,而养游侠私剑之属。举行如此,治强不可得也。国平养儒侠,难至用介士⑥。所利非所用,所用非所利。是故服事者简其业,而游学者日众,是世之所以乱也。

①修行义:修养品行。

②受事：获取职位。
③廉爱：即兼爱。
④荐绅：即"缙绅"。旧时官宦的装束，也代指官员。
⑤距：通"拒"。
⑥介士：甲士、武士。

译文

古时候仓颉创造文字之时，从字面上即规定，为自己谋划叫作私，不为自己谋划叫作公。公和私相互违背，是创造文字的仓颉本来就知道的。如今若认为公私同利，是不仔细审察的后患。既然是这样，那么从一介平民的角度考虑，没有比修养品行、学习文学更好的事。品行修养得好，就会被信任，被信任就能获得职位；学习好文学就能当老师，当了老师就可以显示荣耀，这是平民百姓认为最美满的事了。可是如果没有什么功勋就能获得职位，没有什么爵位就能显示荣耀，有这样的治国措施，那么国家必定混乱，君主必定危险。所以说不相兼容的事情，不能在一起存在。斩杀敌人的人受到奖赏，同时却又推崇仁慈的品行；攻克城池的人得到爵位和俸禄，同时却又信奉兼爱学说；坚固铠甲、训练兵马以准备战争，同时却又赞美宽袍大袖的官宦服饰；依靠农民使国家富强，依靠士兵抗击敌人，同时却又让文学之士富贵；排斥尊敬君主、敬畏法令的人，却豢养游侠和剑客等人。靠这样的政治措施使国家安定富强那是不可能的。国泰民安时，收养儒士和侠客，战争到来时，却要用武士。给予利益的人不是所能使用的人，所要使用的人又没有给予利益。在这样的社会风气下，从事耕作、征战的人荒废了自己的事业，而游侠和学士却日益增多，这才是社会混乱的真正原因。

原文

且世之所谓贤者，贞信之行也①；所谓智者，微妙之言也②。微妙之言，上智之所难知也。今为众人法，而以上智之所难知，则民无从识之矣。故糟糠不饱者不务粱肉，短褐不完者不待文绣。夫治世之事，急者不得，则缓者非所务也。今所治之政，民间之事、夫妇所明知者不用，而慕上知之论③，则其于治反矣。故微妙之言，非民务也，若夫贤贞信之行者，必将贵不欺之士；贵不欺之士者，亦无不可欺之术也。布衣相与交，无富厚以相利，无威势以相惧也，故求不欺之士。今人主处制人之势，有一国之厚，重赏严诛，得操其柄，以修明术之所烛，虽有田常、子罕之臣，不敢欺也，奚待于不欺之士？今贞信之士不盈于十，而境内之官以百数，必任贞信之士，则人不足官。人不足官，则治者寡而乱者众矣。故明主之道，一法而不求智④，固术而不慕信。故法不败，而群官无奸诈矣。

①贞信：操守和信义。
②微妙之言：指高深难解的玄妙之言。
③知：同"智"。
④一法：专一用法。

世人所说的贤，是重视贞操严守信义的行为；所说的智，是高深玄妙的言辞。高深而玄妙的言辞，纵然是最聪明的人也难以理解。如今为平民大众制定的法令，即使是最聪明的人也难于理解，普通百姓更是无法认识理解。所以说连糟糠都吃不饱的人，是不会奢求精美的饭菜的；连粗布短衣都不完整的人，是不会期望好看的华丽服装的。治理国家的大事，急需解决的问题得不到处理，那么可以从缓的事即使解决了也不是当务之急。如今的治国措施，民间习以为常的、普通男女所心知肚明的不采用，却去追求最聪明的人也难于理解的言论，这些措施与治理国家是背道而驰的。因此说高深玄妙的言辞，不是百姓所急需的。如果将重贞操、守信义的行为抬高，就得尊重诚实不欺的人；尊重诚实不欺的人，也还是没有不被欺骗的方法啊。普通百姓之间相来往，没有丰厚的财富相利用，没有威望权势相威胁，所以要寻求诚实不欺的人。如今君主处于统治别人的地位，拥有整个国家的财富，重重地奖赏和严厉地处罚，由自己把握，依靠明白无误的制度去推行政策，即使有田常、子罕那样的臣子，也不敢欺骗君主，哪里还用期待那些不欺骗的诚信之士？如今重贞操、守信义的人总共不足十人，可是国境内的官员却数以百计，如果一定要任用贞信之士，那么人数远远不够。贞信之士的人数达不到官员的数目，那么就会治理的人少而扰乱的人多。所以，明智君主的治国之道，是专一用法而不要求太高深的智慧，坚持利用固有的手段而不慕诚信。这样一来，法令将立于不败之地，众官员之中也便没有奸诈之徒了。

今人主之于言也，说其辩而不求其当焉①，其用于行也，美其声而不责其功②。是以天下之众，其谈言者务为辩而不周于用，故举先王言仁义者盈廷，而政不免于乱。行身者竞于为高而不合于功，故智士退处岩穴，归禄不受，而兵不免于弱。兵不免于弱，政不免于乱，此其故何也？民之所誉，上之所礼，乱国之术也。今境内之民皆言治，藏商、管之法者家有之，而国愈贫，言耕者众、执耒者寡也；境内皆言兵，藏孙、吴之书者家有之，而兵愈弱，言战者多、被甲者少也③。故明主用其力，不听其言；

赏其功,必禁无用。故民尽死力以从其上。夫耕之用力也劳,而民为之者,曰:"可得以富也。"战之为事也危,而民为之者,曰:"可得以贵也。"今修文学,习言谈,则无耕之劳而有富之实,无战之危而有贵之尊,则人孰不为也? 是以百人事智而一人用力。事智者众,则法败;用力者寡,则国贫。此世之所以乱也。故明主之国无书简之文,以法为教;无先王之语,以吏为师;无私剑之悍,以斩首为勇。是境内之民,其言谈者必轨于法④,动作者归之于功,为勇者尽之于军。是故无事则国富,有事则兵强。此之谓王资。既畜王资而承敌国之衅⑤,超五帝侔三王者⑥,必此法也。

①说:同"悦",喜欢。 当:恰当、得当。
②责:考核。
③被:同"披"。
④轨于法:以法令为准则、准绳。
⑤衅(xìn):嫌隙,弱点。
⑥五帝:指黄帝、颛顼(zhuān xū)、帝喾(kù)、唐尧、虞舜。 侔(móu):相等,齐。 三王:指夏禹、商汤、周文王。

如今君主对于言辞,喜欢它的雄辩而不考虑它是否得当,对于用人行事,也是赞美表面的虚名而不考察实际的功效。所以普天之下的民众,擅长言谈的人力求言语的雄辩而不考核是否适用,这样一来,列举先王、谈论仁义的人挤满了朝堂,可是政治措施仍然不免混乱。那些所谓言行高尚的人,竞相标榜清高,而不去适应国家提出的耕战之功,所以有才智的人引退后藏于深山老林,归还给君主的俸禄而不接受任用,这样一来,国家的军队免不了实力衰弱。军队免不了衰弱,政治措施免不了混乱,这是什么原因呢? 是因为老百姓所称誉的,国君所尊重的,是扰乱国家秩序的那一套。如今国境内的百姓都谈论治国,商鞅、管仲关于治国方略的书籍,家家都收藏,可是国家却越来越贫困,那是因为口头上谈论耕作的人多,而亲自去拿农具的人少啊;国境内都在谈论军事,孙子、吴起关于用兵的书籍,家家都收藏,可是国家的军队却越来越弱小,那是因为口头上谈论军事的人多,而亲自披甲上阵的人少啊。所以说,贤明的君主是尽量使用百姓的力量,而不去听他美妙的言辞,奖赏百姓的功劳,同时一定禁止那些没有用处的行为。这样老百姓才会尽全力去响应君主的号召。耕作既用力又劳苦,可是老百姓仍去从事,他们说:"可凭借耕作致富。"作战虽然十分危险,可老百姓仍去参战,他们说:"可凭借作战取得显贵。"如今研究文学、熟悉言谈的人,没有耕作的辛劳却有耕作所换来的财富,没有作战的危险却有作战才能换来的显贵,这样,人们谁又不去研究文学、熟悉言谈呢? 所以,就有许许多多的人去从事智力活动,而很少有人在耕种、作战。从事智力活动的人众多,法制便会败坏,耕种、作战的人少,国家便贫困。这才是世道混乱的原因。所以说贤明的君主治理国家,没有书籍等经典,纯粹以法令为教材;没有先王的语录,纯粹以官吏为教师;没有侠客的勇悍,纯粹以斩获敌人首级为勇敢。这样,国境内的老百姓,擅长言谈的人一定会以法令为准绳,擅长耕种的人一定会回到农业生产的行列中,勇敢的人一定会加入军队。所以没有战事时国家富足,有了战事则兵强马壮。这叫作君王的资本。既有作为君王的资本,又能利用敌国的弱点,那么想进一步超过或赶上五帝、三王,就一定得用这个方法。

【原文】

今则不然。士民纵恣于内,言谈者为势于外。外内称恶以待强敌,不亦殆乎? 故群臣之言外事者,非有分于从衡之党①,则有仇雠之忠而借力于国也。从者,合众弱以攻一强也;而衡者,事一强以攻众弱也。皆非所以持国也。今人臣之言衡者皆曰:"不事大,则遇敌受祸矣。"事大未必有实,则举图而委、效玺而请兵矣②。献图则地削,效玺则名卑,地削则国削,名卑则政乱矣。事大为衡,未见其利也,而亡地乱政矣。人臣之言从者,皆曰:"不救小而伐大,则失天下;失天下,则国危;国危而主卑。"救小未必有实,则起兵而敌大矣。救小未必能存,而交大未必不有疏,有疏,则为强国制矣。出兵则军败,退守则城拔。救小为从,未见其利,而亡地败军矣。是故事强,则以外权士官于内;救小,则以内重求利于外。国利未立,封土厚禄至矣;主上虽卑,人臣尊矣;国地虽削,私家富矣。事成,则以权长重;事败,则以富退处。人主之听说于其臣,事未成则爵禄已尊矣;事败而弗诛,则游说之士孰不为用矰缴之说而侥幸其后③? 故破国亡主,以听言谈者之浮说。此其故何也? 是人君不明乎公私之利,不察当否之言,而诛罚不必其后也。皆曰:"外事大可以王,小可以安。"夫王者,能攻人者也;而安,则不可攻也。强,则能攻人者也;治,则不可攻也。治强不可责于外,内政之有也。今不行法术于内,而事智于外,则不至于治强矣。

①从衡:即"纵横",合纵连横。
②效玺(xǐ):呈上君主的印玺。

③ 矰缴(zēngzhuó)：本意为猎取飞鸟的射具，此处引申为纵横家用以朝秦暮楚的花言巧语。

译文

如今却不是这样。儒生和侠士在国内为所欲为，巧言花语的言谈者在国外大造声势。外部和内部一同勾结作恶，而等待强敌的来临，这不是很危险的吗？群臣中议论外交事务的人，不是参加了合纵连横的派别，就是对某国怀有仇恨而想借本国的力量进行报复。所谓合纵，就是联合众多的小弱之国去攻击一个强国；而所谓连横，则是事奉一个强国去攻击众多的小弱之国。无论是合纵，还是连横，都不是保存自己的好办法。如今大臣中主张连横的人都说："如果不事奉大国，那么遇到敌人将遭受灾祸。"事奉大国就得有实际行动，就得献出本国的地图，呈上君主的印玺，才能请来援兵。献图割地，国土就缩小，呈上印玺，君主的名望就降低了。国土一缩小，国家的力量也相应削弱，君主的名望一降低，政治就混乱了。事奉大国参加连横，还未见到什么利益，就已经失去土地，而且政治混乱了。大臣中主张合纵的人，都说："如果不去救助小国讨伐大国，就会失去天下诸侯国的信任，而没有这些信任，国家就危险了，国家危险，君主的地位便会降低。"救助小国一定得有实际行动，就得出动军队抵抗大国。救助小国未必能使小国存活，而与大国交战未必就没有疏漏，一有疏漏，就会被强国制服。在这种情况下，出兵则军队一定会失败，退守则城池一定会被攻拔。救助小国参加合纵，还没有看见实际的利益，就已经失去土地、使部队失败。所以，事奉强国，就会让主张连横的人借助外国的势力在国内得到官职；救助小国，就会让主张合纵的人借助国内势力在国外谋求私利。国家的利益一点也未见到，可主张合纵连横的人已经得到分封的土地和丰厚的俸禄；君主的地位虽然降低了，可大臣的地位却尊贵了；国家的土地虽然缩小了，可私人的财产却富足了。事情成功了，这些人便靠掌握大权而长期受重用，事情失败了，这些人就凭借已获得的财富引退隐居。君主听从主张纵横的大臣的建议，事情尚未成功，就给他爵位和俸禄，让他尊贵，而事情失败之后又不加以诛罚，那么那些游说的人又有谁不愿意用巧言花语在事前谋得利益，而在事情失败之后侥幸地躲灾避难呢？所以说国家破败而君主为人替代，是因为听信了言谈者的巧言花语。这是为什么呢？是因为君主分不清公利和私利，不考察言辞是否恰当，而在事情失败之后，不下决心诛罚那些巧言花语的人。纵横家却说："从事外交活动，利益大的可以称王天下，利益小的可以使本国安定。"称王天下是指能进攻别人；而本国安定，是指不被其他国家攻破。国家强大，是指能进攻别人；国家治理得好，是指不会被人进攻。国家的强大和治理得好，不可能依靠外交活动，而必须依靠内部的治理。如今不在国内推行法制之术，却在外交活动中谋划，那是不可能使国家强大和安定的。

原文

鄙谚曰："长袖善舞，多钱善贾。"此言多资之易为工也①。故治强易为谋,弱乱难为计。故用于秦者,十变而谋希失;用于燕者,一变而计希得。非用于秦者必智,用于燕者必愚也,盖治乱之资异也。故周去秦为从,期年而举②;卫离魏为衡,半岁而亡。是周灭于从,卫亡于衡也。使周、卫缓其从衡之计,而严其境内之治,明其法禁,必其赏罚,尽其地力以多其积③,致其民死以坚其城守,天下得其地,则其利少,攻其国则其伤大,万乘之国④,莫敢自顿于坚城之下,而使强敌裁其弊也,此必不亡之术也。舍必不亡之术,而道必灭之事,治国者之过也。智困于内而政乱于外,则亡不可振也。民之政计⑤,皆就安利如辟危穷⑥。今为之攻战,进则死于敌,退则死于诛,则危矣。弃私家之事而必汗马之劳,家困而上弗论,则穷矣。穷危之所在也,民安得勿避?故事私门而完解舍⑦,解舍完则远战,远战则安。行货赂而袭当涂者⑧,则求得;求得,则私安,私安,则利之所在,安得勿就?是以公民少而私人众矣。

① 工:通"功",成功。
② 期(jī)年:一整年。 举:被攻克、占领。
③ 地力:指国土资源。
④ 万乘(shèng):古时一车四马为一乘,万乘指万辆车。
⑤ 政:通"正",恰好。
⑥ 如:而。
⑦ 解舍:指免除徭役。
⑧ 当涂者:指掌权的人。涂,同"途"。

民间的谚语说:"衣袖长便于跳舞,本钱多好做生意。"这是说资本多容易获得成功。所以国家安定强大,就容易为它谋划,国家弱小混乱,就难于为它想办法出主意。为强大的秦国谋划,纵然计划改变十次也极少失败;为弱小的燕国谋划,纵然计划改变一次也很难成功。并不是替秦国谋划的人就一定聪明,替燕国谋划的人就一定愚蠢,而是因为两国安定和混乱的条件不同。所以周背离秦国参加合纵,整整一年,就被秦国攻占;卫国背离魏国参加连横,半年时间就灭亡了。所以说,周因为合纵而灭,卫因为连横而亡。假使周和卫放缓其合纵和连横的步伐,而是严格管理国境内的一切,阐明法律和禁令,该赏则赏,该罚则罚,竭尽国内的地力多多积蓄财产,让百姓拼死保卫城池,那么,天下各诸侯国即使得到二国的土地,而实际的利益却很小,谁攻占这两个国家,谁的伤亡就大,这样一来,纵然是拥有一万辆兵车的大国,也不敢在这样的坚固城池之下将自己拖垮,而让其他的强敌趁机制服自己。这才是使国家不灭亡的方法。如今舍弃不让国家灭亡的方法，而去做定会亡国的事情，这是治理国家的国君的过错。对外智术困乏，国内政治混乱，那国家一定会灭亡且不可能再度振兴。老百姓的如意打算，都是追求安全和利益，而躲避危险和穷困。如今让百姓去攻伐，前进就会被敌人杀死，后退就会被上司处罚，进退都是危险的。抛弃私人之家而坚决去承担作战之苦，家中有困难而上司却不过问，那么这个人就够穷困了。穷困和危险并存，老百姓哪能不躲避？因此有人就去侍奉权贵，这样可以免除徭役，免除徭役就可以远离战场，远离战场就安全了。用钱物贿赂并且依附掌权的人，就能使自己的要求得到满足，要求满足了，便保全了全家，保全了全家，就是利益之所在，怎能不去追求呢？这么一来，为国家效力的人少了而为私人权贵们效劳的人却多了。

夫明王治国之政，使其商工游食之民少而名卑，以趣本务而外末作①。今世近习之请行②，则官爵可买；官爵可买，则商工不卑也矣。奸财货贾得用于市，则商人不少矣。聚敛倍农，而致尊过耕战之士，则耿介之士寡而高价之民多矣。是故乱国之俗：其学者则称先王之道以籍仁义，盛容服而饰辩说，以疑当世之法，而贰人主之心。其言古者，为设诈称借于外力，以成其私，而遗社稷之利。其带剑者聚徒属，立节操，以显其名而犯五官之禁。其患御者③，积于私门，尽货赂，而用重人之谒，退汗马之劳。其商工之民，修治苦窳之器④，聚弗靡之财，蓄积待时，而侔农夫之利。此五者，邦之蠹也。人主不除此五蠹之民，不养耿介之士，则海内虽有破亡之国、削灭之朝，亦勿怪矣。

①末作：指耕种、作战之外的工商业等。
②请行：请托之风盛行。
③患：读作"串"，学习。
④窳(yǔ)：恶劣的，坏的。

英明的君主治理国家的政策，是使那些工商业者和无业游民少之又少而且地位低下，从而使人们向耕战这个根本靠拢而排斥耕战之外的工商业等行业。如今社会上向与君主亲近之人请托的风气盛行，这样官爵就能买到；官爵能买到，那么从事工商业等行业的人的地位便不再低下了。投机倒把的商业活动出现在市场上，商人就不会减少。这些奸商聚敛的财富是农民的几倍，地位也比从事耕种、作战的人尊贵,这样耿直忠诚的人便少了,从事经营的人便多了。所以说造成国家混乱的社会习气是:那些儒生,称颂先王的治国之道,打着"仁义"的幌子进行说教,讲求仪表服饰,注重修饰言辞,擅长雄辩论说,用以挑战当世之法,动摇君主推行法治的决心。那些纵横家,虚伪奸诈,借助外国的势力谋取私人的利益,却把国家的利益统统遗弃。那些游侠刺客,聚集门徒,标榜节操,用以显扬他们个人的名声,而不惜触犯国家的禁令。那些学习防卫的人,聚集在权贵的私人门下,极尽贿赂之能事,用对重要人物的拜谒,代替到疆场上的征战之苦。那些工商业者,制造一些粗劣的器物,聚集下质量不高的生活用品,囤积起来,等待时机出售,以牟取农民的利益。这五种人,是国家的蛀虫。君主如果不除掉这五种危害社会的人,不培养耿介忠诚的人,那么天下即使有破败灭亡的国家和地削国灭的朝廷,也是不足为奇的。

◎ 附 录

《韩非子》名言警句

△道者,万物之始,是非之纪也。(第011页)
△道在不可见,用在不可知。(第012页)

——以上《主道》

△国无常强,无常弱。(第015页)
△法不阿贵,绳不挠曲。(第019页)
△刑过不避大臣,赏善不遗匹夫。(第019页)

——以上《有度》

△故越王好勇,而民多轻死;楚灵王好细腰,而国中多饿人。(第023页)

——以上《二柄》

△与死人同病者,不可生也;与亡国同事者,不可存也。(第027页)

——以上《孤愤》

△夫事以密成,语以泄败。(第032页)

——以上《说难》

△楚不用吴起而削乱,秦行商君法而富强。(第039页)

——以上《和氏》

△夫两尧不能相王,两桀不能相亡。(第044页)
△木之折也必通蠹,墙之坏也必通隙。(第044页)

——以上《亡征》

△将欲败之,必姑辅之;将欲取之,必姑予之。(第048页)
△常酒者,天子失天下,匹夫失其身。(第051页)
△巧诈不如拙诚。(第054页)
△圣人见微以知萌,见端以知末。(第055页)
△知渊中之鱼者不祥。(第057页)

——以上《说林上》

△刻削之道,鼻莫如大,目莫如小。(第061页)
△虏自卖裘而不售,士自誉辩而不信。(第067页)

——以上《说林下》

△明主立可为之赏,设可避之罚。(第076页)

——以上《用人》

△夫火形严,故人鲜灼;水形懦,故人多溺。(第084页)

△滥竽充数。(第093页)

———以上《内储说上·七术》

△狡兔尽则良犬烹,敌国灭则谋臣亡。(第102页)

———以上《内储说下·六微》

△买椟还珠。(第113页)
△画鬼最易。(第117页)
△郢书燕说。(第122页)
△郑人买履。(第122页)
△为人君者,犹盂也,民,犹水也。盂方水方,盂圆水圆。(第126页)
△攻原得卫者,信也。(第128页)

———以上《外储说·左上》

△外举不避仇,内举不避子。(第143页)

———以上《外储说·左下》

△守株待兔。(第163页)
△故饥岁之春,幼弟不饷;穰岁之秋,疏客必食。(第164页)
△上古竞于道德,中世逐于智谋,当今争于气力。(第166页)
△布帛寻常,庸人不释;铄金百溢,盗跖不掇。(第169页)
△儒以文乱法,侠以武犯禁。(第170页)
△故糟糠不饱者不务粱肉,短褐不完者不待文绣。(第172页)
△长袖善舞,多钱善贾。(第176页)

———以上《五蠹》

《韩非子》主要版本

1. 张鼎文本
即嘉靖辛酉(1561)张鼎文校刊之《韩非子》。

2. 迂评本
即万历七年(1579)刻成的门无子评注陈深刊刻的《韩子迂评》本,万历十一年(1583)又有重刊本。

3. 赵用贤本
即万历十年(1582)赵用贤校刻的《管韩合刻》本。

4. 张榜本
即万历辛亥(1611)张榜纂辑的《韩非子纂》本。

5. 赵世楷本

即天启五年(1625)赵世楷重刊的赵如源、王道焜合校的《韩子》。

6. 乾道本

即嘉庆二十三年(1818)吴鼎重刊之《乾道本韩非子廿卷》本。

7. 浙江书局本

即光绪元年(1875)浙江书局据吴氏影宋乾道本校刻的《韩非子》。

8. 集解本

即王先慎于光绪丙申撰成并刊行的《韩非子集解》本。

9. 四部丛刊本

即上海涵芬楼影印黄丕烈所校述古堂影宋抄本《韩非子二十卷》本。

10. 道藏本

即1925年上海涵芬楼影印明正统十年(1445)所刻《道藏》第846册至849册之《韩非子》。

《韩非子》重要研究著述

卢文弨《群书拾补·韩非子校正》

有光绪十五年(1889)会稽徐氏铸学斋重刊《绍兴先生遗书》本。

王念孙《读书杂志·余编·韩子杂志》

有江苏古籍出版社1985年影印王氏家刻本。

顾广圻《韩非子识误》

此书附于《乾道本韩非子廿卷》之后。

俞樾《诸子平议》

中华书局1954年10月版。

陈奇猷《韩非子集释》

中华书局1958年初版,上海人民出版社1974年新1版。

吴汝纶《桐城先生点勘韩非子读本》

衍星社宣统二年(1910)九月版。

陶鸿庆《读诸子札记》

中华书局1959年版。

刘师培《刘申叔先生遗书·韩非子斠补》

有宁武南氏1936年校印本。

尹桐阳《韩子新释》

武昌昙华林工业传习所1919年初版。

梁启超《饮冰室合集·专集·韩非子显学篇释义》

中华书局1989年3月版。

陈千钧《韩非新传》、《韩非子书考》
见上海世界书局国学整理社1935年编印的初版《诸子集成》。

钱穆《先秦诸子系年》
中华书局1985年影印增订本。

孙楷第《沧州后集·附录·王先慎韩非子集解补正》
中华书局1985年版。

高亨《诸子新笺》
齐鲁书社1980年8月新1版。

唐敬杲《韩非子》
商务印书馆1935年版"学生国学丛书"本。

冯振《韩非子论略》
载《国专月刊》1935年第2卷第2期、第3期。

容肇祖《韩非子考证》
商务印书馆1936年版。

叶玉麟《白话译解韩非子》
上海广益书局1937年版。

陈启天《韩非子校释》
中华书局1940年版。

陈启天《韩非子参考书辑要》
中华书局1945年版。

蒋伯潜《诸子通考》
上海正中书局1948年版。

梁启雄《韩子浅解》
中华书局1960年版。

王焕镳《韩非子选》
上海人民出版社1974年版。

赵海金《韩非子研究》
台湾正中书局1977年第4版。

周勋初《韩非子札记》
江苏人民出版社1980年第1版。

徐敏《〈韩非子〉的流传与编定》
载《社会科学战线》1982年第1期。

图书在版编目（CIP）数据

韩非子/贾桂梓译注．—2版．—太原：三晋出版社，2008.4（2024.5重印）

（中国家庭基本藏书·诸子百家卷）

ISBN 978-7-80598-912-9-01

Ⅰ.韩… Ⅱ.贾… Ⅲ.①法家②韩非子—译文③韩非子—注释 Ⅳ.B226.5

中国版本图书馆 CIP 数据核字（2008）第 051799 号

韩非子

译 注 者：贾桂梓

责任编辑：郝文霞	**审 订 者**：郝文霞
封面设计：敬人工作室	**版式设计**：敬人工作室
责任校对：郝文霞	**责任印制**：李佳音

出版发行：山西出版集团·三晋出版社
地　　址：太原市建设南路 21 号
电　　话：（0351）4956036（咨询）　4922268（邮购）
传　　真：（0351）4922102
网　　址：www.sxskcb.com
邮　　编：030012

印刷装订：山西新华印业有限公司
（本书如有破损、缺页、装订错误，请与本社联系调换）

开　　本：787mm×960mm　　1/16
字　　数：200 千字
印　　张：12.25
版　　次：2008 年 4 月第 2 版
印　　次：2024 年 5 月第 2 次印刷
书　　号：ISBN 978-7-80598-912-9-01
定　　价：47.00 元

版权所有，翻印必究。本书图文未经书面授权，不得以任何方式转载或公开发表。